水利工程经济

孙　霞　徐　超　徐红军　著

图书在版编目（CIP）数据

水利工程经济 / 孙霞, 徐超, 徐红军著. -- 长春：
吉林科学技术出版社, 2022.9
ISBN 978-7-5578-9746-8

Ⅰ. ①水… Ⅱ. ①孙… ②徐… ③徐… Ⅲ. ①水利工
程－工程经济学 Ⅳ. ①F407.937

中国版本图书馆 CIP 数据核字(2022)第 179472 号

水利工程经济

著	孙 霞 徐 超 徐红军
出 版 人	宛 霞
责任编辑	孟祥北
封面设计	树人教育
制 版	北京荣玉印刷有限公司
幅面尺寸	185mm×260mm
字 数	255 千字
印 张	11.25
印 数	1-1500 册
版 次	2022年9月第1版
印 次	2023年3月第1次印刷

出 版	吉林科学技术出版社
发 行	吉林科学技术出版社
地 址	长春市福祉大路5788号
邮 编	130118
发行部电话/传真	0431-81629529 81629530 81629531
	81629532 81629533 81629534
储运部电话	0431-86059116
编辑部电话	0431-81629518
印 刷	三河市嵩川印刷有限公司

书 号	ISBN 978-7-5578-9746-8
定 价	105.00元

编审会

孙　霞　徐　超　徐红军
卢治元　赵成洁　张晓燕

前　言
PREFACE

　　水，是人类赖以生存的重要资源之一，它是人类乃至所有生物的生命之源，是生命存在于发展的前提。从宏观而言，水资源为循环资源，具有持续补给供给功能，但在实际应用中，水资源假设得不到科学利用，也会出现枯竭情况。在水资源管理中，必须以科学开展观角度进行管理，保证其可持续应用。应根据水资源的补给能力，控制资源使用量。此外，水资源总量并不能弥补部分的水资源短缺，而有些地区的资源过量导致水患时有发生。应充沛认识到水资源的资源特点以及经济特征，进行科学的管理。

　　然而随着工业的发展，水资源污染日益严重，人类可利用的水资源正日益枯竭。我国作为世界上人口最多的国家，水资源问题尤为严重。因为水资源短缺的问题，我国进行了很多水利工程建设，并且这些工程都产生了很好的结果。水利工程的建设对解决水资源供给难题有着重要作用，同时，它对国民经济其他方面有着不可取代的重要作用。例如，水利工程所产生的防洪、灌溉、航运等效用，给国民经济及交通带来了很大的影响。水利工程在供水、发电等方面对国民经济的影响显得尤为深刻，可以说水利工程对我国国民经济的发展有着极为重要的影响力，离开现代的水利工程建设谈社会主义经济建设是不可能的。因此，我们要做好水利工程的综合利用，进行水资源的充分开发，从而更好地促进我国水利、水电事业的发展，推动我国经济建设的繁荣发展。

　　随着中国经济的快速发展，水利事业也在慢慢发展起来。水利工程经济效益和环境正在成为人们关注的焦点，由于生产的需要一大批水利工程修改，使得人类生活环境发生了一系列变化，水利工程给社会带来更多的经济效益和社会效益的同时，在一定程度上也破坏了人类生存的自然环境和生态环境。

　　水利工程经济是一门运用工程经济学基本原理，结合水利工程实际，对水利工程进行经济评价、方案比较及其他技术经济分析，以达到资源（包括自然资源、资金和劳动等）合理利用的交叉学科。工程经济学本身也是一门交叉学科，它是工程学与经济学结合而形成的交叉学科。工程经济学以一般的工程项目为对象，运用一系列定量的经济分析方法，研究工程技术实践活动的经济效果，实现资源的有效利用。工程经济学原理可与各类具体工程结合，形成各类工程经济交叉学科，如交通工程经济、建筑工程经济等。水利工程经济是工程经济与水利工程相结合而形成的一门交叉学科，是工程经济学基本原理在水利工程项目经济分析中的应用。

目 录

第一章 绪论

第一节 水利工程经济概述

水利工程经济学（Hydraulic Project Economics）是工程经济学的一个分支，是水利工程学科与工程经济学相互交叉的一门学科。工程经济学是指应用理论经济学的基本原理，研究国民经济各部门、各个专业领域的经济活动和经济关系的规律性，或对非经济活动领域进行经济效益、社会效益的分析而建立的经济学科。水利工程经济学是一门应用工程经济学基本原理，研究水利工程经济问题和经济规律，对水利工程进行经济评价、方案比较及其他技术经济分析计算，以达到资源合理利用的一门学科。

水利工程经济研究的问题如下：

1. 对于新建工程，根据水利方面的技术要求、水利建设规章制度、规程规范和财务部门的有关规定，通过经济计算，对不同工程措施或方案进行经济效果的评价，为决定工程方案的优劣和取舍提供依据。

2. 通过经济计算和经济效果评价，用来修订水利的技术政策、规章制度、规程规范和财务规定。

3. 通过对已建水利工程的经济效果进行评价分析，改进现有的经营管理模式，制定符合实际情况的费用标准和管理办法。

一、水利工程的经济特点及经济评价的目的

（一）水利工程的经济特点

水利工程，特别是大型水利工程有以下几方面的基本经济特点：

1. 投资额大。按 20 世纪 90 年代初的价格水平计算，直接静态投资需要几亿元至几百亿元，投资效果好坏对国计民生具有举足轻重的影响。例如长江三峡工程，静态投资（按 1993 年 5 月末不变价）为 900.9 亿元（其中枢纽工程 500.9 亿元，库区移民工程 400 亿元）；动态投资（考虑物价上涨、利息变动等因素）则达到 2039 亿元。

2. 建设期长。一般都要几年或更长时间才能开始发挥效益，总工期长达数年以

上；总投资受物价影响大，建设期利息负担很重。例如三峡工程，从1993年年初开始施工到2009年竣工投产，共历时17年。

3. 有些大型水利工程的水库淹没损失大，对库区农业经济影响大，移民任务艰巨。三峡工程蓄水完成后共淹没129座城镇，其中包括万州、涪陵等两座中等城市和十多座小城市，产生113万移民，这在世界工程史上也是绝无仅有的。

4. 很多大型水利工程具有综合利用效益，可以同时解决防洪、防凌、治涝、发电、灌溉、航运、城镇及工业供水等中的两项以上的国民经济任务。洪涝灾害历来是中华民族的心腹大患。在长江防洪体系中，三峡工程的战略地位和作用极为重要。据测算，三峡工程的多年平均防洪效益为9.7亿元，若遇1870年特大洪水，可减少损失344亿元。发电方面，三峡水电站装机总容量为1820万 kW，年均发电量847亿 kW•h，若电价暂按18～0.21元/（kW•h）计算，每年售电收入可达181亿～219亿元。航运方面，三峡水库能淹没川江滩险，万吨级船队有半年时间可直达重庆九龙坡，每年运输量可提高到5000万 t，运输成本降低35%～37%。

5. 工程建成投产后，不仅直接经济效益很大，间接经济效益也很大。如三峡库区经济落后，人均收入很低，基础设施严重不足，亟待开发脱贫。兴建三峡工程将有巨额资金投入库区，必然给库区经济发展带来生机，对库区的工农业生产，第二、三产业的发展，科学文化教育的振兴以及城镇的建设，均将起到积极的促进作用。

6. 涉及部门较多，影响范围较广，水利工程的建设对国家生产力布局、产业结构调整、经济发展速度和地区及部门经济发展，都有很大影响。

7. 由于工程技术较复杂、投资集中、工期长，因此，不确定性因素较多。

8. 大型水利工程的建设对社会经济发展影响深远，许多效益和复杂的影响不能用货币表示，甚至不能定量计算。

（二）水利工程经济评价的目的

国家发展和改革委员会与建设部2006年7月3日发布的《关于建设项目经济评价工作的若干规定》中指出：'建设项目经济评价是项目前期工作的重要内容，对于加强固定资产投资宏观调控，提高投资决策的科学化水平，引导和促进各类资源合理配置，优化投资结构，减少和规避投资风险，充分发挥投资效益，具有重要作用。""建设项目经济评价应根据国民经济与社会发展以及行业、地区发展规划的要求，在项目初步方案的基础上，采用科学分析方法，对拟建项目的财务可行性和经济合理性进行分析论证，为项目决策提供经济方面的依据。"

开展水利建设项目经济评价，是把软科学列入决策程序，实现建设项目决策科学化、民主化，减少和避免投资决策失误，把有限的资源用于经济效益和社会效益真正好的项目，提高经济效益的重要手段和有效措施。可见，水利工程经济评价的目的在于最大限度地避免风险，提高投资效益，即如何以较省的投资、较快的时间获得较大的产出效益。

从国民经济的宏观管理看，经济评价可使社会的有限资源得到最优的利用，发挥资源的最大效益，促进经济的稳定发展。经济评价中采用的内部收益率、净现值等指标及体现宏观意图的影子价格、影子汇率等国家参数，可以从宏观的、综合平衡的角度考察项目对国民经济的贡献。借以鼓励或抑制某些行业或项目的发展，指导投资方向，促进国家资源的合理配置。通过充分论证和科学评价，合理地进行项目排队和取舍，也有利于提高计划工作的质量。

从具体的建设项目来看，经济评价可以起到预测投资风险，提高投资效益的作用。由于经济评价方法和参数设立了一套比较科学严谨的分析计算指标和判别依据，项目和方案经过"需要→可能→可行→最佳"这样步步深入的分析比较，有助于避免由于依据不足、方法不当、盲目决策造成的失误，使工程获得最好的经济效益，保持良性循环或良性运行。

需要说明的是经济评价是水利建设项目或方案取舍的重要依据，但不能唯经济而断，同时还要把拟建项目的工程、技术、经济、环境、政治及社会等各方面因素联系起来，进行多目标综合评价，统筹考虑，筛选最佳方案。

二、水利工程经济评价的内容与方法

（一）水利工程经济评价的内容

在进行经济评价时，能够量化的指标一定要量化，对不能量化的指标必须进行定性分析。定量分析一般包括国民经济评价（National Economic Evaluation）和财务评价（Financial Evaluation）两项基本内容。国民经济评价是从国家整体角度分析、计算项目对国民经济的净贡献，据此判别项目的经济合理性。财务评价是在国家现行财税制度和价格体系的前提下，从项目财务核算单位的角度，计算项目范围内的财务费用和效益，分析项目的财务生存能力、偿债能力和盈利能力，据以判别项目的财务可行性。对属于社会公益性质的水利建设项目，当项目本身无财务收入或财务收入很少时，在进行财务分析计算时，应按国家有关规定核算运行管理费、工程维护维修费、折旧费等，提出这部分经费的来源（包括由国家补贴的资金数额和需要采取的经济措施及有关政策），以确保项目投产后的正常运行。对于大型建设项目，还应在国民经济评价与财务评价的基础上，采用定量分析和定性分析相结合的方法，从宏观上进行综合经济分析研究，以便全面衡量建设项目在经济上的各种得失和利弊，正确评价其合理性和可行性。

由于水利经济评价中所采用的数据绝大多数来自于测算和估算，加上水利工程建设涉及的因素多，牵涉面广，许多因素难以定量，所采用的预测方法手段又有一定局限性，因而，项目实施后实际情况难免与预测情况产生差异。换句话说，就是立足于预测估算的项目的经济评价结果存在不确定性和风险。为了分析这些不确定因素对经济评价指标的影响，考察经济评价结果的可靠程度和承担的风险，还必须在经济评价中进行相应的不确定性分析（Uncertainly Analysis）和风险分析（Risk Analysis）。不确定性分析是分析基础数据的不确定性对项目经济评价指标的影响，包括敏感性分析和盈亏平衡分析。

敏感性分析（Sensitivity Analysis）是研究建设项目主要敏感因素发生变化时，项目经济效果发生的相应变化，并据以判断这些因素对项目经济目标的影响程度。

盈亏平衡分析（Break-Even Analysis）主要是研究在一定市场条件下，在拟建项目达到设计生产能力的正常生产年份，产品销售收入（产品价格与产品结构一定时）与生产成本（包括固定成本和可变成本）的平衡关系。盈亏平衡分析的主要依据是产品的生产成本。

风险分析主要是研究敏感因素在未来出现的概率以及建设项目承担的风险有多大。《水利建设项目经济评价规范》（SL 72—2013）规定，对于特别重要的大型水利建设项目，应通过模拟法确定主要经济评价指标的概率分布，确定其投资风险程度和主要风险因素，研究提出减少风险的对策。

水利建设项目经济评价内容如图1-1所示。

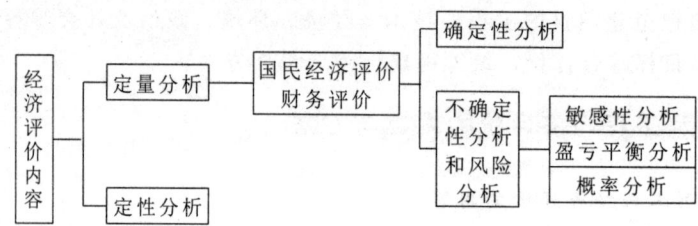

图1-1 水利建设项目经济评价内容示意图

（二）水利工程经济评价的方法

1. 定量分析与定性分析相结合

水利工程是国民经济和社会发展的基础设施和基础产业，影响范围大，涉及的问题多且复杂，有许多费用与效益（包括影响）不能用货币表示，甚至不能定量。因此，对大型水利工程进行综合经济评价时应采用定量分析与定性分析相结合的方法，以全面反映其费用、效益和影响。

2. 多目标协调与主目标优化相结合

大型综合利用水利工程的综合经济效益是由参与综合利用各部门的经济效益组成的，也是各部门经济效益协调平衡的结果，从本部门的效益着眼往往对个别部门甚至所有部门，都很可能不是效益最好的方案（但仍是较优的方案），但从国民经济整体来说，却是比较合适的总体方案，是总体效益最佳的方案。综合利用水利工程通常有一个或两个主导目标，它对大型综合利用水利工程的兴建起关键性的作用，例如：20世纪50~60年代兴建丹江口、三门峡工程，就是因为汉江、黄河的防洪问题很突出。因此，对大型综合利用水利水电工程的综合经济分析与评价应采取多目标协调和主导目标优化相结合的方法。通过协调平衡，从宏观上（定性）拟定能正确处理各部门之间、各地区（干支流、上下游、左右岸）之间关系的合理方案（往往是一个合理的范围）；通过计算分析选出综合效益最大和主导目标最优（或较优）的方案。

3. 总体评价与分项评价相结合

大型水利工程建设往往涉及多个部门和多个地区，为了全面分析和评价国家和各有关部门、有关地区的经济效益，对大型水利工程的经济评价应采用总体评价与分项评价相结合的方法。首先将大型水利工程作为一个系统，计算其总效益和总费用，进行总体评价；然后，用各部门、各地区分摊的费用与获得的效益作为子系统，评价其经济效果。

4. 综合评价

大型水利工程建设涉及技术、经济、社会等多方面的问题，因此，对大型水利工程应进行综合经济评价，要在充分研究工程本身费用和效益的基础上，高度重视工程与地区、流域、国家社会经济发展的相互影响，从微观、宏观上分析与评价大型水利工程建设对行业、地区（或流域）甚至全国社会经济发展的作用和影响。

5. 逆向反证法

大型水利工程建设涉及的技术、经济、社会问题复杂，因此，对大型水利工程建设和综合经济评价往往存在不同的看法，有时可能由于有不同的看法而推翻原有的设计方案。例如长江三峡工程，在1960年完成的《三峡水利枢纽初步设计要点报告》中，推荐三峡枢纽水库正常蓄水位200m方案，有人提出这个方案的水库淹没损失太大；为减少水库淹没，在1983年完成的《三峡水利枢纽可行性研究报告》中，又推荐三峡枢纽正常蓄水位150m，又有人提出该方案虽然减少了水库淹没，但综合利用效益小，不能满足航运、防洪的基本要求。经过反复论证和比较，最后选用了能兼顾水库淹没和综合利用要求的水库正常蓄水位175m的方案。为了使大型水利工程建设更"稳妥可靠，减少失误，取得更大的综合经济效益"，在进行大型水利工程的综合经济分析与评价时，应重视运用逆向反证法，注意从与正面论证结论不同的意见（包括看法、做法、措施、方案）中吸取"营养"，通过研究相反的意见，或更肯定（证明）原方案的合理性，或补充和完善原方案，加强原方案的合理性；或修正（修改）原方案，避免决策失误，提高水利工程建设的经济效益。

需要指出的是，现行的水利建设项目基本建设程序可分为项目建议书、可行性研究、设计工作（包括初步设计、技术设计和施工图设计）、建设准备、施工安装、生产准备、竣工验收、生产运营和项目后评价等阶段。其中后评价是工程交付生产运行后一段时间内，一般经过1~2年生产运行后，对项目的立项决策、设计、施工、竣工验收、生产运行等全过程进行系统评估的一种技术经济活动，是基本建设程序的最后一环。通过后评估达到肯定成绩、总结经验、研究问题、吸取教训、提出建议、改进工作、提高项目决策水平和投资效果的目的。

经济评价是项目可行性研究报告的重要组成内容。相对于后评价，可行性研究阶段的经济评价工作，也可称为前评价。

第二节　国内外水利工程经济发展概况

一、国外水利水电工程经济发展概况

国外水利水电工程经济计算方法，按其是否考虑资金的时间因素分为动态经济分析与静态经济分析两大类，前者以美国为代表，后者以苏联为代表。美国等西方国家在进行项目的经济分析时，把时间因素放在突出重要的位置上，并且对时间因素考虑得越来越细，由单利计算发展到按复利计算，有的企业决策中还考虑"连续复利"的计算方法。苏联在 I960 年前进行项目经济分析时基本上是完全静态分析，1960 年以后，也规定要考虑新建工程在施工期资金积压所引起的经济损失，并规定时间对资金影响的年标准换算系数为 0.08，但对工程建成后运行期间的年运行费、效益等仍没有考虑时间因素的影响。

（一）美国水利经济发展概况

1. 早期阶段

19 世纪初，美国就把效益超过费用作为衡量工程项目经济评价的基本准则。1808 年，当时美国的财政部长加勒廷就提出："当某一条航运线路的运输年收入超过改善交通所花的利息和工程的年运行费（不包括税收）之和时其差额即为国家的年收入。"随后，国会逐步强调判别工程的基本准则是要有一个有利的效益与费用的比值，即 R 必须大于 1.0。

1930 年格兰特编著的《工程经济学原理》一书，采用复利计算方法，研究判别因子和短期投资评价，首次系统地阐述了关于动态经济计算方法。1936 年国会通过的《洪水控制法案》规定："兴建的防洪工程与河道整治工程，其所得效益应超过所花费用。"自此以后，美国陆军工程师团所编制的大型工程规划设计文件，都必须有效益费用分析报告，才能送请国会审批。

2. 中期阶段

美国于 1946 年成立了"联邦河流流域委员会效益费用分会"，该分会在 1950 年提出了《河流流域工程经济分析的建议方法》（封面是绿色的，故简称《绿皮书》）。书中规定，每项计划工程都应以获得最大的经济净收益为基本指标。对工程方案的选择要求是：（1）使经济资源得到最好的利用，做到净效益最大，而不是效益费用比最大或其他；（2）对工程的任何独立组成部分，都应比达到同一目的的任何其他措施更为经济有利。《绿皮书》是美国水利经济发展史上的一个重要文献，它提出的方案选择标准和具体计算方法，有很大一部分，如净效益最大法、效益费用比法、可分费用-剩余效益分摊法等至今仍在使用。

1961 年 10 月，美国陆军部、农业部、内务部等共同起草了《水土资源工程评价的新标准和准则》，该文件于 1962 年由参议院批准，以 SD—97 号文件颁布执行，简称参议院 SD—97 号文件。该文件内容比《绿皮书》更具体。它提出工程项目的规划目标为：（1）通过全面改善水土资源条件的各项措施，促进国家的经济发展；（2）保护国家自然资源；（3）工程布局要注意地区平衡，发展全国的每一个地区；（4）提高全体人民的福利水平。

3. 近期阶段

1969 年美国颁布《国家环境政策法》，要求对水资源工程评价，除了要考虑经济效益外，要同时重视环境保护。

1973 年美国水资源理事会提出了《水土资源规划的原则和标准》，并经总统批准于 1973 年生效。要求水资源规划除考虑国家经济发展和环境质量两项目标外，还要同时考虑地区经济发展和社会福利两个目标。规定编制规划的目标在于：加速社会优先考虑的国家经济发展和改善环境质量，以满足人民当前和长远的需要，解决人民希望解决的问题，并要建立系统分析资料，研究每一个工程计划对地区发展和社会福利的有利和不利影响，从而为各种方案的比较提供基础。

1979年美国修订了《水土资源规划的原则和标准》，并经总统和水土资源理事会主席批准生效。提出在水资源规划中，要安排最经济有效和对环境有益的工程优先施工；今后除了考虑工程本身的投资外，还要同时安排环境投资；经济计算要运用新准则和新方法来计算工程费用和工程效益。美国水资源理事会在此基础上，于1980年提出了《水资源规划中，国家经济发展效益和费用评估程序》，规定了工程项目具体的评估方法和步骤。

1982年底，美国水资源理事会提出并通过了新的《水土资源开发利用的经济和环境原则与准则》（以下简称《原则与准则》），1983年经总统批准生效。新的《原则与准则》代替了以前公布的《原则与标准》。它的主要目标是促进国民经济的发展和环境保护，并着重指出：（1）所制定的水土资源规划应在实现这个目标方面兴利除害；（2）所谓促进国民经济发展是以货币表示的、全国的商品和劳务（含服务行业）净产值的增加。

（二）苏联水利经济发展概况

1. 早期阶段

苏联在早期曾接受西方国家"资金利率"的概念，并应用于编制国家的基本建设计划中。在方案比较中，考虑资金的时间因素，将工程投入运行的年份作为计算基准年。规定建设投资要考虑报酬，报酬与基建投资的比值取名为经济效率系数，它取决于国家所拥有的资金数量和国民经济的年增长速度。苏联国家计委曾规定这一系数为6%。这一方法在苏联一直使用到20世纪30年代中期。

2. 中期阶段

在20世纪30年代中期以后，有人认为"资金效率系数"就是资金利润率，属于资本主义经济的范畴，建议以劳动量作为价值的主要尺度。在编制计划和选择工程方案时，主要考虑在同样满足国民经济发展需要的前提下，比较各方案节约的总劳动消耗量，而不是比较所选方案的最大利润。当时也有人提出，用各种指标体系例如劳动生产率、产品质量、资金占用量、成本等进行综合经济分析。

20世纪50年代初期，对工程方案进行比较选择时，采用了抵偿年限法（Compoensational Period Method）和年折算费用最小法（Minimum Annual Conversion Cost Method）。所谓抵偿年限，就是不同方案年运行费用的节约，抵偿投资增加额所需的回收年限，即两个方案的补充投资（投资差额）与所节约年运行费用之比称为抵偿年限，即

抵偿年限

$$T_{ok} = \frac{K_2 - K_1}{u_1 - u_2} = \frac{\Delta K}{\Delta u} \tag{1-1}$$

式中 K_1、K_2——第一方案、第二方案的投资，假设 $K_2 > K_1$；

u_1、u_2——第一方案、第二方案的年运行费，在同样满足国民经济要求的条件下，在一般情况下，如果 $K_2 > K_1$，则 $u_2 < u_1$。

当 T_{ok} 小于某一标准抵偿年限值 T_k（例如 10 年），则认为第二方案比第一方案有利。

所谓年折算费用最小法，是指方案的年运行费用和年折算投资之和最小，其中年折算投资等于方案投资除以标准抵偿年限得出，即

年折算费用

$$P = u + \frac{K}{T_k} \tag{1-2}$$

式中 u、K——某一方案年运行费和投资；

T_k——某一标准抵偿年限。

当某个方案的年折算费用 P 最小，即认为该方案最为有利。

在这个阶段，国家经济建设所需的资金是国家无偿拨付，不考虑利息，不考虑资金的时间价值，即方案比较采用静态经济分析方法。由于各部门无偿使用国家的生产建设资金，导致固定资产和流动资金的大量积压浪费，并拖延了施工进度，造成国家重大经济损失。

3. 近期阶段

1960 年，苏联颁布了《新的基本建设投资经济计算典型方法》。其中规定要考虑新建工程在施工期投资的利率，改无偿使用资金为有偿使用，把基本建设由拨款改为银行贷款，到期收取本金和利息，并以利润及利润率作为评价企业经营效果好坏的主要指标。经过近 10 年的试行，取得了较好的经济效果。在此基础上，1969 年，苏联国家计委、国家建委和科学院联合颁布了《确定投资经济效果的标准方法》，又称《标准方法》（第二版），其中规定标准投资效果系数为 12%，不同时期的年标准换算系数为 8%。苏联土壤改良和水利部根据《标准方法》（第二版），在 1972 年制定了《确定灌溉、排水和牧场供水投资经济效益规程》，其中规定，方案比较要以资金的总经济效益系数、抵偿年限和计算支出作为衡量工程取舍的标准，并规定水利工程的最小效益系数为 0.1，抵偿年限不得大于 10 年。1977 年，苏联国家计委和科学院又颁布了《在国民经济中采用新技术发明和合理化建议的经济效果计算方法（基本原则）》，作为计算新技术经济效果的基本方案和指南。1980 年，苏联国家计委和国家建委又颁布了《确定投资经济效果的标准方法（第三版）》。新的标准计算方法要求对投资分期投放，年运行费又随时间发生变化，须考虑时间换算系数。其中指出经济效果系数是指国民收入增长额与相应投资之比，并规定各部门的标准效果系数为：工业 0.16，农业 0.07，运输及邮电业 0.05，建筑业 0.22，商业、采购、物质技术供应和其他部门为 0.25。经苏联动力和电气化部、国家计委批准的《水电工程设计中投资经济效益计算方法指标》规定，一般工程建议采用额定系数 0.12；对于在北极及其他相似地区的水电工程，对于发展和配置生产力、形成地区基础结构具有重大意义的水电工程，对于在综合体中可以解决，诸如发电、灌溉、航运、防洪等一系列任务的水电工程，系数允许降低到 0.08。

1988 年 11 月 10 日，苏联国家计委批准颁布了《苏联投资效果的计算方法》。规定在编制计划前期、计划、设计前期、设计等文件时，均要计算投资效果。在计算中，

要计算总经济效果，即效益与带来该效益的投资之比。在向经济核算及自筹资金过渡，并同时大大扩大企业和地区管理权力的条件下，效果的计算应以综合的国民经济的观点为基础，既要考虑投资总和，也要考虑由此而得到的经济与社会效果。在这种情况下，对费用和效益的计算，均需考虑时间因素。

二、我国水利工程经济发展概况

（一）我国水利工程经济发展阶段

我国水利工程经济分析按其特点和深度、广度来说，大体上可以分为三个阶段。

1. 1949年以前的概况

新中国成立前，我国的水利工程为数很少，故未形成自己的水利工程经济学科。但也有一些零星的、初步的研究。如早在两千多年以前，我国修建的世界闻名的都江堰水利灌溉工程，就考虑了工程的所费（稻米若干亩）和所得（灌溉农田若干亩），进行了很粗略的水利经济计算。1934年冀朝鼎编著的《中国历史上的基本经济区与水利事业的发展》，从宏观经济上分析和论证了水利经济效益。1945年在《扬子江三峡计划初步报告》中按当时欧美的方法计算了三峡工程的发电、灌溉、防洪、航运、供水、旅游等效益，并进行了投资分摊和投资偿还的计算。

2. 1950~1978年的概况

新中国成立后，我国开展了大规模水利工程建设，在水利水电规划、设计、施工、运行管理中，遇到了许多经济问题。20世纪50年代初期到中期，政府强调水利规划和水利工程设计文件中必须进行技术经济分析，并且要提出书面报告作为审批工程的重要文件。1956年制定的我国科学发展规划中，曾包含了一定的技术经济内容。1954~1957年间，水利界的某些部门也曾开始了水利技术经济问题的研究。一些设计单位成立了动能经济专业、综合经济专业进行工程规划设计方案的技术经济比较和综合经济分析。但自20世纪50年代末期到70年代末期，在"左"的思想影响下，过分强调经济服从政治。1964~1965年国家科委制定的技术经济学科发展规划虽然列入了水利经济研究的课题，但未能付诸实施。由于不重视经济分析，不计算经济效益，造成了这一时间修建的水利工程"建设成绩很大，浪费也很大"。

这一阶段水利工程经济的特点，除上述政治因素影响外，从经济评价方法来说，主要是采用苏联的技术经济原理和方法，采用"抵偿年限法"或"计算支出法"，其特点是：（1）对能同样满足国民经济发展需要的若干不同技术方案的投资与年费用进行比较，当计算的每两个方案的补充投资与所节约的年运行费用之比，小于国家规定的标准抵偿年限或年计算支出最小的方案，即为诸方案中经济合理的方案。但最终选择方案还要综合考虑社会、技术、环境等许多因素。（2）各比较方案一般不考虑资金的时间价值，所进行的是静态经济分析。该方法在我国基本建设投资全部由财政拨款时期，对建设项目的决策曾起到了积极的作用。

3. 1979年以后的概况

党的十一届三中全会制定了以经济建设为中心的方针，强调经济建设要实事求是，讲求经济效果。建设项目经济评价和水利项目综合经济评价的理论方法和实践都得到很大重视，并且逐步引进了西方发达国家动态经济分析的理论方法，规定了建设项目经济评价是项目建议书和可行性研究报告的重要组成部分。

1979年，国家决定试行项目投资由财政预算拨款改为银行贷款，即所谓"拨改贷"。同年，国家科委下达了"可行性研究与经济评价"研究课题。

1980年11月，中国水利经济研究会成立，提出要普及水利经济科学知识，结合水利建设实际，大力开展重要水利经济问题的调查研究，逐步形成具有中国特色的水利经济学科。

1982年，国务院发展中心召开"建设和改建项目的经济评价讨论会"，探讨了理论方法，对今后项目评价工作提出了建议，促进了方法的逐步实施。同年，原电力工业部颁发了《电力工程经济分析暂行条例》。

1983～1985年，国家计委下文发布了《建设项目可行性试行管理办法》（1983年）、原水利电力部发布了《水利经济计算规范》（1985年）、国务院发布了《水利工程水费核定、计收和管理办法》（1985年）、原水利水电工程管理局发布了《水力发电工程经济分析暂行规定》（1983年）。水利、水电两个部门规范性文件对水利水电工程的经济分析的内容、方法做了全面规定，但对财务分析的内容和方法未做规定。

1987年，国家计委发布了《关于建设项目经济评价工作的暂行规定》《建设项目经济评价方法》《建设项目经济评价参数》《中外合资经营项目经济评价方法》等四个规范性文件，统一了全国各部门建设项目经济评价的基本原则和基本方法。经过几年实践，1990年国家计委、建设部修订了《建设项目经济评价参数》，其中对我国建设项目经济评价工作的管理和经济评价的程序、方法、指标等都作了明确的规定和具体的说明，并发布了各类经济评价参数，是实现建设项目决策科学化的重要基础工作，是各类规划设计单位、工程咨询公司进行投资项目经济评价的指导性文件，也是各级计划部门审批项目建议书和可行性研究报告以及各级金融机构审批贷款项目的重要依据。

1993年全面修订并发布的《建设项目经济评价方法与参数》（第二版）在整体上更加突出为社会主义市场经济服务的指导思想，在具体方法上力求反映经济体制、财税制度改革的新情况，并对常用名词、概念、指标及计算方法都作了比较科学、通俗的解释，提高了经济评价方法的科学性、实用性和可操作性。为了确保各类建设项目经济评价标准的统一性和评价结论的可比性，及时调整建设项目有关的经济评价参数，例如社会折现率、影子汇率等。

1994年，水利部水利水电规划设计总院对原《水利经济计算规程》进行了修订，修订后更名为《水利建设项目经济评价规范》（SL 72—94）。《水利建设项目经济评价规范》包括国民经济评价和财务评价。国民经济评价应从国家整体角度，采用影子价格，分析计算项目的全部费用和效益，评价项目的经济合理性；财务评价从项目核算角度，采用财务价格，分析测算项目的财务支出和收入，考察项目的盈利能力和清偿能力，评价项目的财务可行性。

2003年，根据《中华人民共和国水法》和《中华人民共和国价格法》的有关规定，国家发展和改革委员会与水利部联合制定了《水利工程供水价格管理办法》（以下简称《办法》）。该《办法》所称的水利工程供水价格，是指通过水利工程设施拦、蓄、引、提水所销售的天然水价格，由供水生产成本、费用、利润和税金组成。

2006年，国家发展和改革委员会与建设部修订并发布了《建设项目经济评价方法与参数》（第三版），借鉴了世界银行、亚洲开发银行和英国财政部等机构发布的经济评价指导手册和研究成果，细化并补充了财务费用流和效益流的识别和估算方法，财务评价较之前也有较大调整。

2013年，水利部水利水电规划设计总院会同长江勘测规划设计研究院等单位，对《水利建设项目经济评价规范》（SL 72—94）进行了修订，发布了《水利建设项目经济评价规范》（SL 72—2013）。该规范主要技术内容有：国民经济评价、财务评价、资金来源与融资方案、不确定性分析和风险分析、方案经济比选方法、费用分摊、改扩建项目的经济评价、区域经济和宏观经济影响分析、经济评价综合分析等。

进入20世纪80年代以来，建设项目经济评价的理论和方法，广泛地应用到水利工程规划设计和可行性研究中，大大丰富了我国水利经济学科的内容，特别是长江三峡工程涉及各方面的水利经济问题，如防洪、发电、航运和综合效益的计算、筹资方式、投资分摊、国民经济承受能力分析、对地区经济发展影响、投资风险分析、替代方案经济比较、建设适宜时间分析、国民经济评价、财务评价、综合经济分析等。通过对这些问题的研究和解决，又促进了我国水利经济学科的发展。

我国水利经济研究和实践，虽然起步比较晚，但通过引进吸收国外先进成果，紧密结合我国水利建设中迫切需要解决的问题开展研究，近30多年来，进展很快。目前我国水利经济学术水平，在某些理论和方法方面已达到或接近世界先进水平，有的方面还有比较突出的特点，如既从宏观上研究水利事业在国民经济发展中的地位和作用，又研究水利工程项目经济评价的理论和方法，与国外比较，我国在这两个方面结合得比较紧密，研究的主要内容更加完备、更加系统。但在实际应用的普遍性和广泛性方面存在一定的差距，特别是在水利经济分析论证制度化、法律化方面还要做很大的努力。

（二）我国水利工程经济评价方法的主要特点

目前我国水利建设项目经济评价方法的主要特点如下：

1. 动态分析与静态分析相结合，以动态分析为主。现行方法强调考虑时间因素，利用复利计算方法将不同时间内效益费用的流入和流出折算成同一时间点的价值，为不同方案和不同项目的经济比较提供了相同的基础，并能反映出未来时期的发展变化情况。

强调动态指标并不排斥静态指标。在评价过程中可以根据工作阶段和深度要求的不同，计算静态指标，进行辅助分析。

2. 定量分析与定性分析相结合，以定量分析为主。经济评价的本质要求是通过效益和费用的计算，对项目建设和生产过程中的诸多经济因素给出明确、综合的数量概念，从而进行经济分析和比较。现行方法采用的评价指标力求能正确反映生产的两个方面，即项目所得（效益）和所费（费用）的关系。但是一个复杂的建设项目，总是会有一些经济因素不能量化，不能直接进行数量分析，对此则应进行实事求是的、准确的定性描述，并与定量分析结合在一起进行评价。

3. 全过程经济效益分析与阶段性经济效益分析相结合，以全过程分析为主。经济评价的最终要求是要考察项目计算期的经济效益。现行方法强调把项目评价的出发点和归宿点放在全过程的经济分析上，采用了能够反映项目整个计算期内经济效益的净效益和内部收益率等指标，并以这些指标作为项目取舍在经济方面的依据。

4. 宏观效益分析与微观效益分析相结合，以宏观效益分析为主。对项目进行经济评价不仅要看项目本身获利多少，有无财务生存能力，还要考察项目的建设和经营（运行）对国民经济有多大的贡献以及需要国民经济付出多大代价。现行方法经济评价的内容包括国民经济评价和财务评价。国民经济评价与财务评价均可行的项目应予通过；反之应予否定。国民经济评价结论不可行的项目，一般应予否定。对某些国计民生急需的项目，如国民经济评价结论好，但财务评价不可行的项目，可进行"再设计"，必要时可提出采取经济优惠措施的建议。

5. 价值量分析与实物量分析相结合，以价值量分析为主。项目评价中，要设立若干价值指标和实物指标，现行方法强调把物资因素、劳动因素、时间因素等量化为资金价值因素，在评价中对不同项目或方案都用可比的同一价值量进行分析，并据以判别项目或方案的可行性。

6. 预测分析与统计分析相结合，以预测分析为主。进行项目经济评价，既要以现有状况水平为基础，又要做好有根据的预测。现行方法强调，进行经济评价，在对效益费用流入流出的时间、数额进行常规预测的同时，还要对某些不确定性因素和风险性做出估计，包括敏感性分析和风险分析。

第三节　本课程的性质与主要内容

一、本课程的性质

工程经济学是介于工程学与经济学之间的一门交叉学科，它通过应用一系列定量的经济分析，计算有关经济评价指标，进行项目评价或方案比较。工程经济学的原理可与各类工程学科结合，形成工程经济各类分支，如道路工程经济、建筑工程经济等。水利工程经济学是工程经济学与水利工程相结合而形成的一门学科。水利工程经济学是运用工程经济学的基本原理及有关计算方法的一门专业课程。

二、本课程的主要内容与学习要求

通过本课程的学习，要求掌握水利工程经济中的基本概念、基本理论与基本方法，要求掌握如何运用基本理论与基本方法解决工程中的具体问题，要求了解当前水利工程经济的发展方向、存在问题及其解决的途径。以下分述本课程的主要内容。

（一）价值和价格

水利工程技术经济指标是反映和衡量水利工程建设项目或经营管理单位各项技术政策、方案、措施、生产活动及经济效果大小和优劣的尺度。掌握价格和价值的基本概念，了解不同价格的定义和适用条件是进行项目经济评价的基础。

（二）水利建设项目的费用和效益

水利经济工作的主要任务是寻求水利建设项目的效益与费用之比达到最优。费用包括投资与年运行费两大部分，效益主要包括防洪、治涝、灌溉、发电、城镇供水等效益。效益计算比较复杂，凡能定量的均需进行定量计算，不能定量的则进行定性分析。

（三）资金的时间价值与资金等值计算

资金的时间价值及资金等值计算是本课程的基础。资金时间价值属于基本概念，资金等值计算公式属于基本方法，两者应结合学习，才能建立资金时间价值的新概念。

（四）经济效果评价指标和评价方法

工程经济效果评价是投资项目或方案评价的主要内容，是项目决策科学化的重要手段。经济效果评价指标主要有净现值、净年值、费用现值、费用年值、效益费用比和内部收益率等。经济效果评价方法主要有净现值（年值）法、效益费用比法、内部收益率法及投资回收年限法等。在掌握各评价指标和方法的基础上，针对不同的决策结构应采用各种不同评价指标和评价方法进行项目的评价和优选。

（五）水利建设项目经济评价

经济评价包括国民经济评价与财务评价，应掌握两者的区别。当水利建设项目从全社会看国民经济评价是合理的，从本企业或本部门看财务评价是可行的，在这两个条件下该项目才能成立。在经济评价中，应采用上述各种经济分析方法及有关参数，求出各经济评价指标，然后进行分析比较得出结论。

（六）水利建设项目社会评价和综合评价

水利建设项目除需进行经济评价外，尚须进行社会评价。水利建设项目社会评价是从社会学角度出发，分析评价水利建设项目的实施对国家和地方各项社会发展目标所做的贡献与影响，包括分析项目与社会的相互适应性。水利建设项目除进行经济评价和社会评价外，还应考虑政治、技术、资源、环境及风险等诸多因素，进行综合评价。

（七）综合利用水利工程投资费用分摊

费用分摊包括固定资产投资分摊和年运行费分摊。首先划分出只为某个功能服务的专用工程，其费用应由专用工程承担，其他为各功能的共用工程，其费用应在各功能之间进行分摊。分摊方法很多，应采用两种比较可行的方法进行分摊，然后对其分摊成果进行合理性检查。

（八）水利工程效益计算

了解和掌握防洪、治涝（渍、碱）、灌溉、城镇供水、乡村人畜供水、水力发电、航运等概念及效益计算方法。

第二章　资金的时间价值与等值计算

在进行投资项目的评价时，必须考虑资金的时间因素对现金流量产生的影响，即将不同时间点上的货币价值换算成同一时间点上价值，才能作出正确的评价。本章主要讨论资金的时间价值与资金等值计算的有关问题。

第一节　资金的时间价值

资金是在商品货币经济中劳动资料、劳动对象和劳动报酬的货币表现，是国民经济各部门中财产和物资的货币表现。资金是属于商品经济范畴的概念，在商品经济条件下，资金是不断运动着的。资金的运动伴随着生产与交换的进行，生产与交换活动会给投资者带来利润，表现为资金的增值。资金增值的实质是劳动者在生产过程中创造了剩余价值。从投资者的角度来看，资金的增值使资金具有时间价值。因此，资金的时间价值可以定义为：资金在参与经济活动的过程中随着时间发生的增值，也即是资金在生产过程中通过劳动可以不断地创造出新的价值。

资金的时间价值还可以这样理解：资金一旦用于投资，就不能用于现期消费。牺牲现期消费是为了能在将来得到更多的消费，个人储蓄的动机和国家积累的目的都是如此。从消费者的角度来看，资金的时间价值体现为对放弃现期消费的损失所应做的必要补偿。

在工程经济分析中，按是否考虑资金的时间价值分为静态的计算方法和动态的计算方法。静态的计算方法不考虑资金的时间价值，这种方法计算虽然简单，但容易造成资金积压，不符合市场经济活动规律。因此，水利工程在规划、设计、施工及运行管理阶段进行经济分析时，都应采用考虑资金的时间价值的动态计算方法。

第二节　利息和利率

一、利息和利率（Interest and Interest Rate）

利息指占用资金所付的代价或放弃使用资金所得的补偿。如果将一笔资金存入银行，这笔资金就称为本金。经过一段时间之后，储户可在本金之外又得到一笔利息，相当于储户把钱借给银行所获得的报酬。

这一过程可表示为

$$F_n = P + I_n \tag{3-1}$$

式中 F_n——本利和；

P——本金；

I_n——利息；

n——计算利息的周期，如"年""月"等。

利息通常根据利率来计算。利率是在一个计息周期内所得利息额与本金之比，一般以百分数表示。以 i 表示利率，其表达式为

$$i = \frac{I_1}{P} \times 100\% \tag{3-2}$$

式中 I_1——一个利息周期的利息。

利率根据计息周期的不同，一般有年利率、季利率、月利率等。我国目前存、贷款计息周期一般为月，金融债券、国库券一般为年，相应利率分别称为月利率（‰）和年利率（%）。

利率在不同的场合有不同的名称，如贴现率、折现率、社会折现率、内部收益率、经济报酬率等，其经济意义是不同的，在以后的学习中应认真领会。

二、单利和复利（Simple Interest and Compound Interest）

按是否考虑利息的时间价值，利息的计算有单利和复利两类方法。

用单利法计算利息时，不管计息周期 n 的数目有多大，只考虑本金的利息，不计入各周期所增加利息的利息，用单利法计算本利和的公式为

$$F_n = P(1 + ni) \tag{3-3}$$

我国银行存款和国库券的利息就是以单利计算的。

单利计息对资金时间价值的考虑是不充分的，不能完全反映资金的时间价值。

【例3-1】某人借款500元，期限10年，年利率为5%，按单利法计算，试问10年后某人负债总金额为多少？

解：此处 $P=500$ 元，$n=10$ 年，$i=5\%$。代入式（3-3）得

$F = 500 \times (1 + 5\% \times 10) = 750$（元）

故10年后某人负债总额750元。

复利计算利息时，是用本金加上前段周期的总利息一起计算，即除最初的本金要计算利息外，每一计息周期的利息都要并入本金，再生利息。通常称此法是"利上加利"。复利计息比较符合客观反映资金的活动情况。复利计算的本利和公式为

$$F = P(1 + i)^n \tag{3-4}$$

【例3-2】仍以上为例，试用复利法计算某人10年后负债总额。

解：由式（3-4）可得

$F = 500 \times (1 + 5\%)^{10} = 814$（元）

故10年后某人负债总额814元。

我国基本建设贷款等都是按复利计算利息的。

第三节　资金流程图与资金经济等值

一、资金流程图（Flow Chart）

任何工程项目的建设与运行都有一个时间上的延续过程。对于投资者来说，资金的投入与收益的获取往往构成一个时间上有先有后的现金流量序列。要客观地评价工程项目或技术方案的经济效果，不仅要考虑现金流出与现金流入的数额，还必须考虑每笔现金流量发生的时间。

在工程经济分析中，把投资项目作为一个独立系统，现金流量则反映该项目在寿命周期内流入或流出系统的现金活动。通常，对流入系统的货币收入称为现金流入（Cash Inflow，CI），对流出系统的货币支出称为现金流出（Cash Outflow，CO），并把某一个时点的现金流入与现金流出的差额称为净现金流量。系统的现金流入、现金流出以及净现金流量统称为现金流量（Cash Flow，CF）。

为了直观清晰地表达某项水利工程各年投入的费用和取得的收益，避免计算时发生错误，经常绘制资金流程图（图3-1），又称为现金流量图。

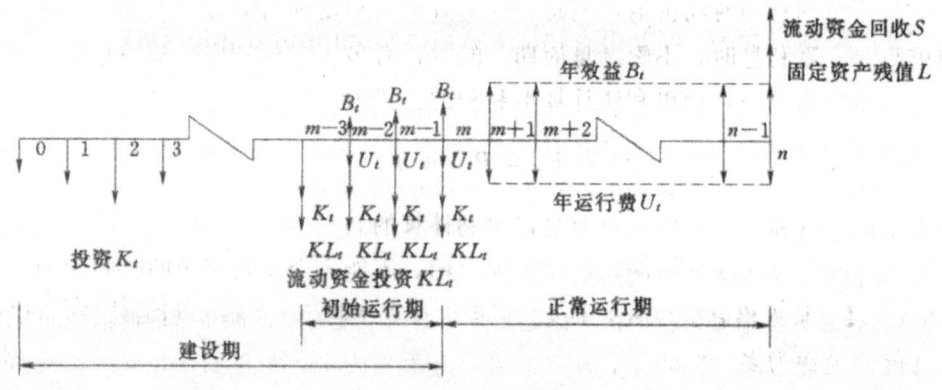

图 3-1 资金流程图

图3-1中的横轴是时间轴，向右延伸表示时间的延续。轴线等分成若干间隔，每一间隔代表一个时间单位，通常是"年"（在特殊情况下也可以是季或半年等）。时间轴上的点称为时点，时点通常表示的是该年的年末，同时也是下一年的年初。零时点即为第一年开始之时点。整个横轴又可看成是我们考察的"系统"。

与横轴相连的垂直线，代表流入或流出这个"系统"的现金流量。垂直线的长度根据现金流量的大小按比例画出。箭头向下表示现金流出；箭头向上表示现金流入。资金流程图上还要注明每一笔现金流量的金额。

为了计算上的方便和统一，《水利建设项目经济评价规范》（SL 72—2013）规定：所有现金流均按年末计算。从图3-1上可以很容易看出，每个坐标点均表示该年的年末，且上一年的年末就是下一年的年初。本书按习惯用法，投资均发生在年初，效益及年运行费发生在年末。

在进行经济分析时，应该首先绘制正确的资金流程图，然后再进行计算。

在工程规划设计中所进行的经济比较，要求根据等价的原则，将不同时期的投资费用和经济效益折算到同一个时间，以此来进行各方案的经济比较。对于工程项目，一般情况是，投资在施工时期投入，效益则在工程投入生产之后才能产生。为了进行比较，就必须有共同的时间基础，须引入计算基准年的概念。通常把不同时间点上发生的投资、费用和效益都折算到同一时间水平，这个时间水平称为计算基准年。以计算基准年年初作为计算的基准点，相当于资金流程图中的坐标原点。

计算基准年一般有三种取法：1. 工程开工的第一年；2. 工程投入运行的第一年；3. 施工结束达到设计水平的年份。考虑到工程经济所处的阶段，水利工程经济评价规范规定统一以工程开工的第一年作为基准年。

应注意在整个计算过程中，计算基准年一经确定后就不能随意改变。此外，当若干方案进行经济比较时，虽然各方案的建设期与生产期可能并不相同，但必须选择共同的计算基年。

二、资金等值的概念（the Conception of Capital Equivalence）

在资金时间价值的计算中，等值是一个十分重要的概念。资金等值是指在考虑时间因素的情况下，不等的若干资金，在不同的时间具有相等的经济价值。例如现在的100元钱与一年后的106元，在数量上并不相等，但如果将这笔资金存入银行，年利率为6%，则两者是等值的。因为现在存入的100元，一年后的本利和为106元。

下面以借款还本付息的例子来进一步说明等值的概念。

【例3-4】某人现在借款10000元，在5年内以年利率5%还清全部本金和利息，则有如表3-1中的四种偿还方案。

第1方案是等额利息法：在5年中每年年底仅偿付利息500元，最后第五年末在付息同时将本金一并归还。

表3-1　四种典型的等值形式　　　　　　单位：元

偿还方案	年数（1）	年初所欠金额（2）	年利息额（3）=（2）×5%	年终所欠金额（4）=（2）+（3）	偿还本金（5）	年终付款总额（6）=（3）+（5）
等额利息法	1	10000	500	10500	0	500
	2	10000	500	10500	0	500
	3	10000	500	10500	0	500
	4	10000	500	10500	0	500
	5	10000	500	10500	10000	10500
	合计		2500			12500
一次支付法	1	10000.00	500.00	10500.00	0	0
	2	10500.00	525.00	11025.00	0	0
	3	11025.00	551.25	11576.25	0	0

偿还方案	年数（1）	年初所欠金额（2）	年利息额（3）=（2）×5%	年终所欠金额（4）=（2）+（3）	偿还本金（5）	年终付款总额（6）=（3）+（5）
	4	11576.25	578.81	12155.06	0	0
	5	12155.06	607.75	12762.81	10000	12762.81
	合计		2762.81			12762.81
等额本金法	1	10000	500	10500	2000	2500
	2	8000	400	8400	2000	2400
	3	6000	300	6300	2000	2300
	4	4000	200	4200	2000	2200
	5	2000	100	2100	2000	2100
	合计		1500			11500
等额年金法	1	10000.00	500.00	10500.00	1809.75	2309.75
	2	8190.25	409.51	8599.76	1900.24	2309.75
	3	6290.01	314.50	6604.51	1995.25	2309.75
	4	4294.76	214.74	4509.50	2095.01	2309.75
	5	2199.75	110.00	2309.75	2199.75	2309.75
	合计		1548.75			11548.75

第2方案是一次支付法：在5年中对本金、利息均不作任何偿还，只在最后一年末将本利一次付清。

第3方案是等额本金法：将所借本金作分期均匀摊还，每年末偿还本金2000元，同时偿还到期利息。由于所欠本金逐年递减，利息也随之递减，至第五年末全部还清。

第4方案是等额年金法：也将本金作分期摊还，每年偿付的本金额不等，但每年偿还的本金加利息总额却相等，即所谓等额支付。

从上面的例子可以看出，如果年利率为5%不变，上述四种不同偿还方案与原来的10000元本金是等值的。从贷款人立场来看，今后四种方案中任何一种都可以抵偿他现在所贷出的10000元，因此，现在他愿意提供10000元贷款。从借款人立场来看，他如果同意今后以四种方案中任何一种来偿付借款，他今天就可以得到这10000元的使用权。

上述四种不同偿还方案支付的利息差别很大，彼此票面值是不等的，这是因为借款人对本金占有的时间不同，但就其"价值"来说，它们是彼此相等的。

在工程经济分析中，利用资金等值的概念，可以将发生在不同时期的金额，换算成同一时期的金额，然后再进行评价。在资金等值计算中，把将来某一时点的现金流量换算成现在时点的等值现金流量称为"贴现"或"折现"。通常把将来时点的现金流量经贴现后的现金流量称为"现值"，而把与现值等价的将来时点的现金流量称为"终值""期值"或"将来值"。

第四节 资金等值计算公式

由于资金有时间价值，所有不同时点发生的现金流量就不能直接相加或相减，对不同方案的不同时点的现金流量也不能直接相比较，只有通过换算为同一时点后才能相加减或相比较，这个点称为基准点，这个过程称为资金等值计算。

资金等值计算公式即为复利计算公式。首先对基本计算公式中常用的几个符号加以说明，以便后面的讨论。

P——本金或资金的现值（Present Value），现值P是指相对于基准点的数值；

F——本利和（Future Value），是指从基准点起第n个计息周期末的数值，一般称终值；

A——等额年值（Anneal Value），是指一段时间的每个计息周期末的一系列等额数值；

G——等差系列的相邻级差值（Gradient Value）；

i——计息周期折现率或利率（Interest Rate），常以%计；

n——计息周期数（Number of Period），无特别说明，通常以年数计。

值得注意的是计息周期数n和利率i必须配套使用，即计息周期为年，利率即为年利率；计息周期为月，利率则须为月利率。

按照现金流量序列的特点，可以将资金等值计算的公式分为一次支付、等额多次支付及等差系列等几种基本类型，分别介绍如下。

一、一次支付公式 （One-Short Payment Formula）

一次支付又称整付，是指所分析系统的现金流量，无论是流入还是流出，均在一个时间点上一次发生。其典型资金流程图见图3-2。

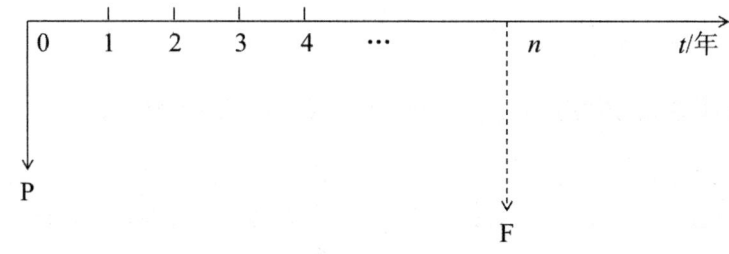

图3-2 一次支付资金流程图

对于所考虑的系统来说，如果在考虑时间价值的条件下，现金流入恰恰能补偿现金流出，则F与P就是等值的。

一次支付的等值计算公式有以下两个。

（一）一次支付终值公式 （Single Payment Compound Amount Formula）

计算公式为

$$F = P(1+i)^n = P \times (F/P, i, n) \tag{3-5}$$

式中 $(1+i)^n$——一次支付终值因子（Single Payment Compound Amount Factor），通常用符号 $(F/P, i, n)$ 表示。其中，斜线右边大写字母表示已知因素，左边表示欲求的因素。

式（3-5）的经济意义是：已知支出资金 P，当利率为 i 时，在复利计算的条件下，求 n 期期末所取得的本利和。这个问题相当于银行的"整存整取"的储蓄方式。

这个公式是资金等值计算公式中最基本的一个，所有其他公式都可以由此公式推导得到。

【例 3-5】某企业因某种需要，向银行借款 100 万元，年利率为 8%，借期 10 年，问 10 年后一次归还银行的本利和是多少？

解：P=100 万元，i=8%，n=10 年，由式（3-5）可得

$$F=100\times(1+8\%)^{10}=215.89（万元）$$

即 10 年后应偿还 215.89 万元。

（二）一次支付现值公式（Single Payment Present Value Formula）

这是已知终值 F，求现值 P 的等值公式，是一次支付终值公式的逆运算。由式（3-5）可直接导出

$$P=F(1+i)^{-n}=F\times(P/F, i, n) \tag{3-6}$$

式中 $(1+i)^{-n}$——一次支付现值因子（Single Payment Present Value Factor），也可记为 $(P/F, i, n)$，它和一次支付终值因子 $(1+i)^n$ 互为倒数。此处 i 称为贴现率或折现率，这种把终值折算为现值的过程称为贴现或折现。

式（3-6）的经济意义是：如果想在未来的第 n 期期末一次收入 F 数额的现金，在利率为 i 的复利计算条件下，求现在应一次支出本金 P 为多少。即已知 n 年后的终值，反求现值 P。

【例 3-6】如果银行利率 7%，为在 5 年后获得 80000 元，现在应存入银行多少钱？

解：由式（3-6）可得

$$P=F(1+i)^{-n}=80000\times(1+7\%)^{-5}=57038.89（元）$$

即现应存入银行 57038.89 元。

二、等额多次支付公式（Uniform Payment Formula）

等额支付是多次支付形式中的一种。现金流入和流出在多个时点上发生，而不是集中在某个时点上，这就叫多次支付。现金流数额的大小可以是不等的，也可以是相等的。当现金流序列是连续且相等的，则称为等额序列现金流。等额现金流序列有四个等值计算公式。

（一）等额支付终值公式（Uniform Series Compound Amount Formula）

每年年末有一等额现金流序列，每年的金额均为 A，称为等额年值。在利率为 i 的情况下，n 年后的终值 F 为多少？现金流图见图 3-3。

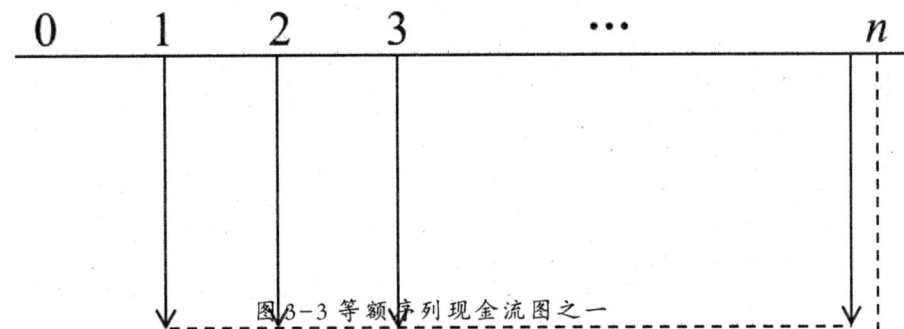

图 3-3 等额序列现金流图之一

上述问题，可将等额序列视为 n 个一次支付的组合，利用一次支付终值公式，推导出等额支付终值公式。

$$F = A + + A(1+i) + A(1+i)^2 + \cdots + A(1+i)^{n-1}$$
$$= A[1 + (1+i) + (1+i)^2 + \cdots + (1+i)^{n-1}]$$

利用等比级数求和公式，得

$$F = A\left[\frac{(1+i)^n - 1}{i}\right] = A(F/A, i, n) \tag{4-7}$$

式（3-7）即为等额支付终值公式。

式中 $\dfrac{(1+i)^n - 1}{i}$ —— 等额支付终值因子（Uniform Series Compound Amount Factor），亦可记为（F/A，i，n）。

式（3-7）的经济意义是：对 n 期期末等额支付的现金流量 A，在利率为 i 的复利计算条件下，求第 n 期期末的终值（本利和 F），也就是已知 A、i、n 求 F。这个问题相当于银行的"零存整取"储蓄方式。

（二）等额支付偿债基金公式（Sinking Fund Deposit formula）

等额支付偿债基金公式是等额支付终值公式的逆运算。即已知终值 F，求与之等价的等额年值 A。由式（3-7）可直接导出

$$A = F\left[\frac{i}{(1+i)^n - 1}\right] = F(A/F, i, n) \tag{3-8}$$

式中 $\dfrac{i}{(1+i)^n - 1}$ —— 基金存储因子（Sinking Fund Deposit Factor）或偿债基金因子，常以符号（A/F，i，n）表示。

式（3-8）的经济意义是：当利率为 i 时，在复利计算的条件下，如果需在 n 期期末能一次收入 F 数额的现金，那么在这 n 期内连续每期期末需等额支付 A 为多少，也就是已知 F、i、n 求 A。

【例 3-8】某人欲积累一笔资金用于 3 年后建一幢楼房，计划该楼的建设投资是 20 万元。银行利率为 7%，问每年末至少要存款多少？

（三）等额支付现值公式（Uniform Series Present Value Formula）

若在每年年末等额支付资金 A，在利率为 i 的条件下与之经济等值的现值是多少？

其现金流图见图3-4。

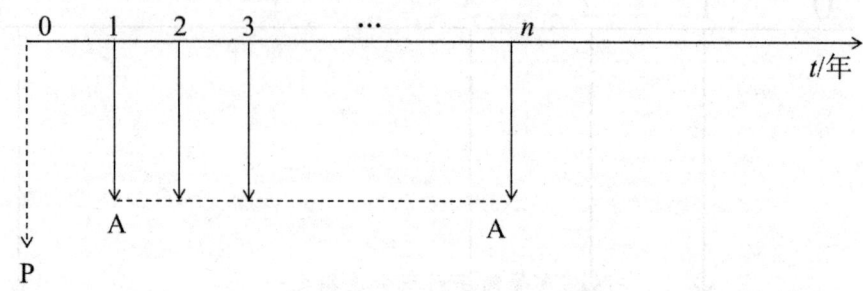

图3-4 等额支付现金流图之二

这时有

$$P = F\left[\frac{1}{(1+i)^n}\right] = A\left[\frac{(1+i)^n - 1}{i}\right]\frac{1}{(1+i)^n}$$

$$= A\left[\frac{(1+i)^n - 1}{i(1+i)^n}\right] = (P/A, i, n)$$

(3-9)

式中 $\frac{(1+i)^n - 1}{i(1+i)^n}$ ——等额支付现值因子（Uniform Series Present Value Factor），常用符号（P/A，i，n）。

式（3-9）的经济意义是：在利率为i，复利计息的条件下，求n期内每期期末发生的等额支付现金A的现值P，即已知A、i、n求P。

（四）等额支付资金回收公式（Capital Recovery Formula）

等额支付资金回收公式是等额支付现值公式的逆运算，即已知现值，求与之等价的等额年值A。由式（3-9）可直接导出

$$A = P\left[\frac{i(1+i)^n}{(1+i)^n - 1}\right] = P(A/P, i, n)$$

(3-10)

式中 $\frac{i(1+i)^n}{(1+i)^n - 1}$ ——资金回收因子（Capital Recovery Factor），常以（A/P，i，n）表示。这是一个重要的因子，对项目进行技术经济评价时，它表示在考虑资金时间价值的条件下，对应于项目的单位投资，在项目寿命期内每年至少应该回收的金额。如果对应于单位投资的实际回收金额小于这个值，在项目的寿命期内就不可能将全部投资收回。

三、等差多次支付公式（Arithmetic Gradient Formula）

水利水电工程的建设往往历时较长，常见的情形是随着工程的进展，机组设备逐年增加，发电效益和年运行费亦随之逐年递增，直至全部发电机组安装完毕。这时，现金流量表现为逐年递增的等差系列，下面就对这种等差系列的资金等值计算进行讨论。

设有一系列等差现金流0，G，2G，…，（n－1）G分别于第1，2，3，…，n年年

末发生，求该等差系列在第n年年末的终值F、在第1年年初的现值P，以及相当于等额多次支付类型的年等值A，假设年利率为等差系列类型的典型现金流量如图3-5所示。

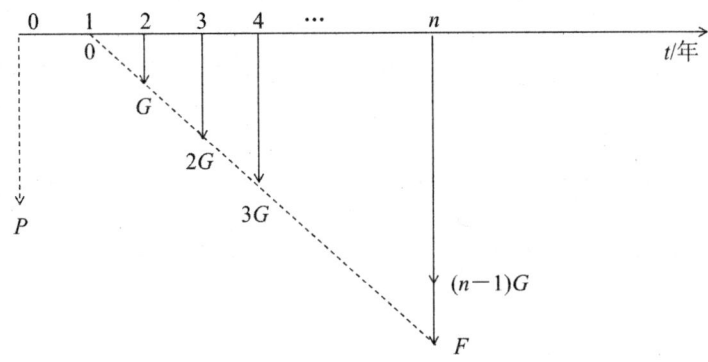

图3-5 等差系列资金流程图

等差系列现金流量的折算公式有以下三个。

（一）等差支付终值公式（已知G求F）

由图3-5可知，该等差系列的终值可以看做是若干不同年数而同时到期的资金总额，则第n年年末的终值F可以用下式计算：

$$F = G(1+i)^{n-2} + 2G(1+i)^{n-3} + \cdots + (n-2)G(1+i)^1 + (n-1)G \tag{3-11}$$

将式（3-11）左右两边同时乘以（1+i），得

$$(1+i)F = G(1+i)^{n-1} + 2G(1+i)^{n-2} + \cdots + (n-2)G(1+i)^2 + (n-1)G(1+i) \tag{3-12}$$

式（3-12）减式（3-11），得

$$Fi = G(1+i)^n + G(1+i)^{n-1} + \cdots + G(1+i)^2 - (n-1)G(1+i) \tag{3-13}$$

再次将式（3-13）左右两边同时乘以（1+i），得

$$Fi(1+i) = G(1+i)^n + G(1+i)^{n-1} + \cdots + G(1+i)^2 - (n-1)G(1+i) \tag{3-14}$$

式（3-14）减式（3-13），得

$$Fi^2 = G(1+i)^n - nG(1+i) + (n-1)G$$

整理可得

$$F = \frac{G}{i}\left[\frac{(1+i)^n-1}{i} - n\right] = \frac{G}{i}\left[(F/A, i, n) - n\right] = G(F/G, i, n) \tag{3-15}$$

式中 $\frac{1}{i}\left[\frac{(1+i)^n-1}{i} - n\right]$——等差多次支付终值因子（Arithmetic Series Compound Amount Factor），常以符号（F/G, i, n）表示。

（二）等差支付现值公式（已知G求P）

将一次支付终值公式 $F = P(1+i)^n$ 代入式（3-15），可得

$$P = \frac{1}{(1+i)^n} \frac{G}{i}\left[\frac{(1+i)^n-1}{i}-n\right] = \frac{G}{i}\left[\frac{(1+i)^n-1}{i(1+i)^n}-\frac{n}{(1+i)^n}\right]$$

$$\hspace{8cm}(3\text{-}16)$$

$$= \frac{G}{i}\left[(P/A, i, n)-n(P/F, i, n)\right] = G(P/G, i, n)$$

式中 $\frac{1}{i}\left[\frac{(1+i)^n-1}{i(1+i)^n}-\frac{n}{(1+i)^n}\right]$ ——等差多次支付现值因子（Arithmetic Series Present Value Factor），常以符号（P/G, i, n）表示。

（三）等差支付年值公式（已知G求A）

将基金存储公式 $A = F\left[\dfrac{i}{(1+i)^n-1}\right] = F(A/F, i, n)$ 代入式（3-15），可得

$$A = \left[\frac{i}{(1+i)^n-1}\right]\frac{G}{i}\left[\frac{(1+i)^n-1}{i}-n\right]$$

$$\hspace{8cm}(3\text{-}17)$$

$$= G\left[\frac{1}{i}-\frac{n}{(1+i)^n-1}\right] = G(A/G, i, n)$$

式中 $\left[\dfrac{1}{i}-\dfrac{n}{(1+i)^n-1}\right]$ ——等差多次支付年值因子（Arithmetic Series Capital Recovery Factor），常以符号（A/G, i, n）表示。

四、资金等值计算基本公式小结

本章共介绍了三种类型的资金等值计算公式，即一次支付类型、等额多次支付类型及等差多次支付系列类型。为了便于比较分析和查阅，将公式汇总列表见表3-3。

表3-3 资金等值计算基本公式

类型	公式名称	已知	求解	计算公式	系数名称及表示符号
一次支付	一次支付终值公式	P	F	$F=P(1+i)^n$	一次支付终值因子 （F/P, i, n）
	一次支付现值公式	F	P	$P=F/(1+i)^n$	一次支付现值因子 （P/F, i, n）
等额多次支付	等额支付终值公式	A	F	$F=A\left[\dfrac{(1+i)^n-1}{i}\right]$	等额支付终值因子 （F/A, i, n）
	基金存储公式	F	A	$A=F\left[\dfrac{i}{(1+i)^n-1}\right]$	存储基金公式因子 （A/F, i, n）
	等额支付现值公式	A	P	$P=A\left[\dfrac{(1+i)^n-1}{i(1+i)^n}\right]$	等额支付现值因子 （P/A, i, n）

类型	公式名称	已知	求解	计算公式	系数名称及表示符号
	资金回收公式	P	A	$A = P\left[\dfrac{i(1+i)^n}{(1+i)^n-1}\right]$	资金回收公式因子 (A/P, i, n)
等差多次支付	等差支付终值公式	G	F	$F = \dfrac{G}{i}\left[\dfrac{(1+i)^n-1}{i}-n\right]$	等差多次支付终值因子 (F/G, i, n)
	等差支付现值公式	G	P	$P = \dfrac{G}{i}\left[\dfrac{(1+i)^n-1}{i(1+i)^n}-\dfrac{n}{(1+i)^n}\right]$	等差多次支付现值因子 (P/G, i, n)
	等差支付年值公式	G	A	$A = G\left[\dfrac{1}{i}-\dfrac{n}{(1+i)^n-1}\right]$	等差多次支付年值因子 (A/G, i, n)

在以上资金等值计算公式中，一次支付终值公式是最基本的，其他所有公式均可由它推导而来。从理论上讲，资金等值计算只需要这一个公式就可以了。但是，当现金流系列呈现某种规律，如等额、等差时，直接使用那些推导出来的公式会比较方便。

其次，等额系列终值公式也比较重要，等额多次支付类型的其他公式均可由等额系列终值公式与一次支付终值公式联合推导得到。

第五节　名义年利率与实际年利率

一、概念

在工程经济分析中，一般复利计算都以年为计息周期。但在实际经济活动中，计息周期也可能小于年，如半年、季度、月、周、天等。这样就出现了不同计息周期的利率换算问题。

所谓名义年利率（Nominal Annual Interest Rate）是指计息周期不为年，但常以年表示的利率。假如计息周期为月，且月利率为1%，通常称为"年利率12%，每月计息一次"，这个年利率12%称为"名义年利率"。因此，名义年利率等于每一计息周期的利率与每年的计息周期数的乘积。名义年利率忽略了利息的时间价值，是按单利法计算一年所得利息与本金之比。若按单利计息，名义年利率与实际年利率（Effective Annual Interest Rate）是一致的。但是，按复利计算，即考虑利息的时间价值，上述"年利率12%，每月计息一次"的实际年利率则不等于名义年利率。

假如本金1000元，年利率12%，若每年计息一次，一年后本利和为

F=1000+（1+0.12）=1120（元）

按年利率12%，每月计息一次，一年后本利和为

F=1000×（1+0.12/12）^{12}=1126.8（元）

实际年利率 i 为

i=（1126.8－1000）/1000×100%=12.68%

这个"12.68%"就是实际年利率。

二、名义年利率与实际年利率的关系

设名义年利率为 r，一年中计息次数为 m，则一个计息周期的利率应为 r/m，一年后本利和为

F=P（1+r/m）m

利息为

I=F－P=P（1+r/m）m－P

按利率定义，得实际年利率 i 为

i=I/P=［P（1+r/m）^{m}－P］÷P=（1+r/m）^{m}－1

所以，名义年利率与实际年利率的换算公式为

i=（1+r/m）^{m}－1   （3-18）

当 m=1 时，名义年利率等于实际年利率；当 m>1 时，实际年利率大于名义年利率。当 m→∞ 时，即按连续复利计算时，i 与 r 的关系为

$$i=\lim_{m \to \infty}[(1+r/m)^m-1]=\lim_{m \to \infty}[(1+r/m)^{m/r}]^r-1=e^r-1 \qquad (3-19)$$

在上例中，若按连续复利计算，实际利率为

i=e$^{0.12}$－1=1.1275－1=12.72%

第三章 水利建设项目的费用与效益

　　水利建设项目的费用，是指水利工程在建设期和运行期所需投入人力、物力和财力等所有投入的货币表示，包括项目建设期、初始运行期和正常运行期投入的固定资产投资、流动资金、项目的年运行费和更新改造资金。

　　项目的建设期，是指项目开工第一年至项目开始投产的这段时间；项目运行初期，是指项目开始投产至达到设计规模的这段时间；项目的正常运行期，是指项目达到设计规模至经济计算期（经济寿命期）末的这段时间。经济计算期包括建设期、运行初期和正常运行期。

　　水利建设项目的效益，是指水利工程建设给社会带来的各种贡献和有利影响，它是以有工程比无工程情况下所增加的利益或减少的损失来衡量。效益与水利建设项目费用的计算口径要对应一致，即要求在计算范围、计算内容和价格水平上对应一致，以便使两者具有可比性。

第一节 水利建设项目的投资

　　广义的投资是指人们的一种有目的的经济行为，即以一定的资源投入某项目，以获取所期望的报酬。所投入的资源可以是资金，也可以是人力、技术或其他的资源。本书所指的投资是狭义的投资，专指资金。

　　水利建设项目的总投资包括固定资产投资和建设期利息。水利建设项目的费用包括固定资产投资、流动资金、年运行费和更新改造投资。

　　项目建成投产后最终形成固定资产、无形资产和其他资产。固定资产（Fixed Assets）指使用期限超过一年，单位价值在规定标准以上，并且在使用过程中保持原有物质形态的资产，包括房屋及建筑物、机器设备、运输设备、工具器具等。有些资产虽然多次使用但不满足使用期限和规定价值两个条件的，称为低值易耗品。无形资产（Intangible Assets）是指企业拥有或者控制的没有实物形态的可辨认的非货币资产，包括专利权、商标权、土地使用权、非专利技术、商誉等。一般采用直线法在规定期限内平均分摊。没有规定期限的，按照不少于10年的期限平均摊销。其他资产是指除流动资产、长期投资、固定资产、无形资产以外的资产，包括开办费、租入固定资产改良支出，以及摊销期在一年以上的长期待摊费用等。按照有关规定，除购置和建造固定资产以外，所有筹建期间发生的费用，先在长期待摊费用中归集，待企业开始生产经营起计入当期的损益。

一、固定资产投资（Investment in the Fixed Assets）

固定资产投资是指建设和购置固定资产所需资金的总和，包括水利建设项目达到设计规模所需的由国家、企业和个人以各种方式投入的主体工程和相应配套工程的全部建设费用。

（一）固定资产投资的构成

水利工程固定资产投资包括工程投资、移民和环境、水保投资及预备费等。应根据不同设计阶段的深度要求，按有关规范进行编制。

工程投资包括建筑工程投资、机电设备及安装工程投资、金属结构设备及安装工程投资、施工临时工程投资和独立费用等五部分。

移民和环境、水保投资包括建设征地移民安置补偿费、环境保护工程投资和水土保持工程投资等三部分费用。

预备费包括基本预备费和价差预备费两部分费用。

水利建设项目总投资构成见图4-1。

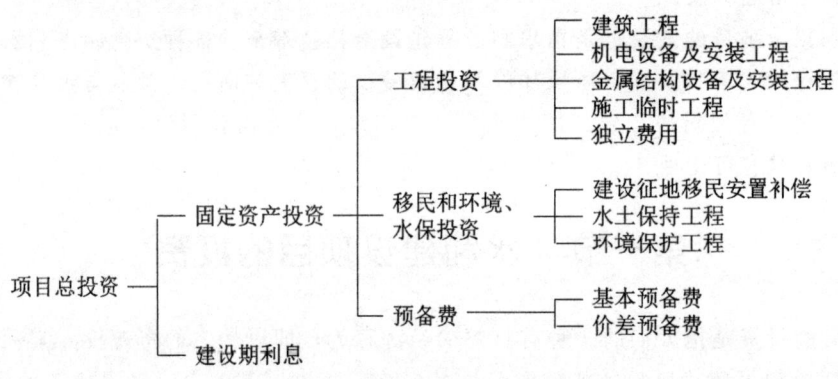

图4-1 水利建设项目总投资构成图

（二）固定资产的几个相关概念

1.固定资产原值（Original Value of Fixed Assets）：是指固定资产净投资、建设期内贷款利息、投资方向调节税三项之和，扣除无形资产价值和其他资产价值之后的价值。

对于水利建设项目，总投资中包括了建设该项目所需的全部支出，且无形资产和其他资产较少，移民征地费用是物化体现在建筑物成本中的，因此，可以考虑将总投资作为固定资产原始价值。

2.固定资产净投资（Net Investment of Fixed Assets）：也称为固定资产的造价，是指在水利工程投资中扣除净回收余额、应该核销和转移的投资之后的价值。

3.应该核销和转移的投资（Logout and Diversion Investment）：例如，施工单

位转移费、子弟学校经费、劳保支出、停缓建工程的维修费等；水利工程完工后移交给其他部门或地方使用的工程设施的投资，例如，铁路专用线、永久性桥梁、码头及专用的电缆、电线等投资。

4. 固定资产折旧（Depreciation of Fixed Assets）：在生产过程中，固定资产虽仍能保持原来的实物形态，但其价值逐年递减，随磨损程度以折旧形式逐渐地转移到产品的成本中去，并随着产品的销售而逐渐地获得补偿。这种随固定资产损耗而发生的价值转移称为固定资产折旧。

5. 固定资产净值（Net Fixed Assets）：是指固定资产原值减去历年已提取的折旧费累计值后的余值，也称固定资产某一时间的账面余额，它反映固定资产的现有价值。为了了解固定资产的新旧程度，常用成新率表示，即

$$固定资产成新率 = \frac{固定资产净值}{固定资产原值}$$

6. 固定资产重置价值（Reset Value of Fixed Assets）：在许多情况下，由于各种原因，固定资产净值往往不能反映当时的固定资产真实价格，需要根据社会再生产条件和市场情况对固定资产的价值进行重置价值的评估，重新评估所确定的固定资产价值称为重估价。固定资产重估价值，应根据资产原值、净值、新旧程度、重置成本、获利能力等因素进行评估。

7. 固定资产残值（Residual Value of Fixed Assets）：是指固定资产在经济寿命期末（即在折旧年限末）报废清理时可以回收的废旧材料、零部件等的价值在扣除清理等费用后的剩余价值。

（三）　与年限有关的概念

1. 物理使用寿命（Physical Life）。在自然界中任何一种物质（设备、机械、建筑物以及房屋建筑等），在使用的过程中一方面因使用受到的各种损耗；另一方面因自然界的各种破坏因素的侵蚀，使它们逐渐失去正常的功能，直至失去全部功能为止，这时它们只能报废。这样的全过程所持续的时间，就称为物理使用寿命。

2. 技术寿命（Technological Life）。在科学技术迅速发展的时代，产品设备的更新期，其中尤以机械、电子产品的更新期愈来愈短。对于某种设备，如果从功能或经济效益来衡量，它仍有使用价值，但因新技术的发展而制造出的同类新设备，它的高效、快速能创造出更多的经济效益。这样，必然会将原来的设备淘汰。那么，被淘汰的设备是因技术的改进或创新所造成的，故称这种使用时间为技术寿命。

3. 经济寿命（Economic Life）。任何一种物质，在实际使用的过程中，总是通过不断的维护和修理来保持它的正常工作，甚至还需更换各类零部件。这就是说，为保持设备或各种建筑物的正常功能，在日常的维护中，必须耗费一定的维护修理费用。随着这些设备、建筑物的磨损和受损的程度愈来愈严重，相应需要消耗的费用也就愈来愈多。随着设备、建筑物使用年限的增大，平均每年摊还的折旧费是减少的，但平均每年需花费的年运行费是逐渐增大的。两者之和年均费用最小有一个对应的使用年限。通常把设备、建筑物等年均费用最低对应的使用年限，称为经济寿命。

技术寿命对水利工程的影响不大，水利工程经济计算期的选择，主要是由工程的

主要建筑结构和大型设备来决定的。因为一项工程中的主要建筑结构失去作用，其他次要的部分，即使完好无损，它也不会再产生什么经济效益。大型水利工程的计算期一般采用50年，甚至更长；对中小型工程要短些，一般为20～30年。

水利工程中，有些设备的经济寿命比所规定的工程的经济计算期短（金属结构、水力发电机组的经济寿命往往只有20年左右），对这些设备就要考虑投入更新费用；而对一些在工程建设中使用的施工机械设备，在工程建成后仍可继续使用的，按折价出售值进行回收。

表4-1列出了常见水利工程及设备的一般经济寿命。水利工程的计算期包括建设期、运行初期和正常运行期（经济寿命）。

表4-1 各类水利工程及设备的经济寿命　　　　单位：年

工程及设备类别	经济寿命	工程及设备类别	经济寿命	工程及设备类别	经济寿命	工程及设备类别	经济寿命
防洪、治涝工程	30～50	机电排灌站	15～25	水电站机组设备	20～25	核电站	20～25
灌溉、城镇供水工程	30～50	输变电工程	20～25	小型水电站	15～25		
水电站（土建部分）	40～50	火电站	20～25				

（四）固定资产折旧（Depreciation of Fixed Assets）

固定资产在使用过程中要经受两种磨损，即有形磨损和无形磨损。有形磨损是指由生产因素或自然因素（外界因素和意外灾害等）引起的磨损。无形磨损是由于技术进步使修建同等工程或生产同种设备的成本降低，从而使原工程的固定资产价值降低；或者由于出现新技术、新设备从而引起原来效率低的、技术落后的旧设备贬值甚至报废等。由固定资产的磨损所引起的价值损失，可在经济寿命期内通过提取折旧费的方式予以补偿。固定资产在使用过程中，一方面其实物形态上的价值是逐年递减的；另一方面以折旧基金形式所积存的价值则逐年递增，直到固定资产到达经济寿命，此时所积存的全部折旧基金便可用来更新固定资产，进行再生产。固定资产价值在使用过程中转移到工程、产品成本里，折算成每年所需支出的费用，就是年折旧费。

折旧费的计算方法很多，按折旧速度分有均匀折旧法、加速折旧法、慢速折旧法。在实际工作中，较常用的方法有直线折旧法、工作小时折旧法、余额递减折旧法（或称固定百分率法）和年数和折旧法。

1. 直线折旧法（Linear Depreciation Method）。直线折旧法是目前最常用的计算方法，或称均匀折旧法，即假设固定资产净值随使用年限的增加而按比例直线下降，因而每年的折旧费相同，其计算公式如下：

$$年折旧费 f = \frac{固定资产原值 - 期末净残值}{折旧年限 T} \tag{4-1}$$

式中期末净残值——期末回收的残值减去清理费用后的余额，一般占原值的 3%～5%。

各类固定资产的折旧年限由财政部统一规定。

实际工作中常用折旧率计算固定资产折旧费。年折旧率的计算公式为

$$年折旧率 d = \frac{年折旧费}{固定资产原值} \times 100\% = \frac{1 - 净残值率}{折旧年限} \times 100\% \tag{4-2}$$

2. 工作小时折旧法（Working Hours Depreciation Method）。因为在一年中有的设备工作时数多，有的设备工作时数少，将设备的使用年限用实际的工作时数表示则反映实际的情况。其计算公式为

$$单位工作小时折旧额 = \frac{固定资产原值 - 期末净残值}{总工作小时} \tag{4-3}$$

$$年折旧费 f = 单位工作小时折旧额 \times 年工作小时数 \tag{4-4}$$

3. 余额递减折旧法（Declining Balance Depreciation Method）。余额递减折旧法或称固定百分率法。余额递减折旧法的原理是在不考虑固定资产的净残值下，取一固定折旧率 d，年折旧费为年初固定资产的净值乘以固定折旧率 d。计算公式为

$$年折旧费 f = 固定资产净值 \times 固定折旧率 \tag{4-5}$$

当固定折旧率 d 取为直线折旧率的 2 倍时，即 d=2/折旧年限 T，这时称为双倍余额递减折旧法（Double Declining Balance Depreciation Method）。

利用这一方法计算折旧费，各年的折旧费不等，早期大、后期小，这样可以尽快回收投资。同时因为固定资产在使用过程中效能逐渐降低，早期的效能高，提供的经济效益也大，以后效能逐年降低，所提供的经济效益也逐年减少。所以，前几年分摊的折旧费应高于后几年。这一方法有利于较快地回收资金，有利于设备的更新，其缺点是计算比较麻烦。

4. 年数和折旧法（Year Number Summation Depreciation Method）。年数和折旧法也是尽快回收资金的一种折旧方法。年折旧率等于年初剩余的使用年限除以使用年限总和，其计算公式为

$$年折旧率 = \frac{折旧年限 + 1 - 固定资产已使用的年数}{折旧年限 \times (折旧年限 + 1) \div 2} \times 100\% \tag{4-6}$$

$$年折旧率 = (固定资产原值 - 期末净残值) \times 当年折旧率 \tag{4-7}$$

余额递减折旧法与年数和折旧法均属于加速折旧法。

【例 4-1】某工厂购进一台机器，购买费用为 80 万元，残值为购买费用的 5%，设备预计使用 10 年，试分别用直线折旧法、双倍余额递减折旧法和年数和折旧法求前 5 年每年应提取的折旧费。

解：残值 L=80×5%=4（万元）。

1. 直线折旧法

年折旧费

$$f_1 = f_2 = f_3 = f_4 = f_5 = \frac{80-4}{10} = 7.6（万元）$$

2. 双倍余额递减折旧法

固定折旧率　　　　　　　　　　d=2/10=0.2

$f_1 = 80d = 80 \times 0.2 = 16（万元）$

$f_2 = (80-16)d = 64 \times 0.2 = 12.8（万元）$

$f_3 = (64-12.8)d = 51.2 \times 0.2 = 10.24（万元）$

$f_4 = (51.2-10.24)d = 40.96 \times 0.2 = 9.19（万元）$

$f_5 = (40.96-8.192)d = 32.768 \times 0.2 = 6.55（万元）$

3. 年数和折旧法

第1年：　　　　　$d_1 = \dfrac{10+1-1}{10 \times (10+1) \div 2} \times 100\% = 18.18\%$

$f_1 = 76 \times 18.18\% = 13.82（万元）$

第2年：　　　　　$d_2 = \dfrac{10+1-2}{10 \times (10+1) \div 2} \times 100\% = 16.36\%$

$f_2 = 76 \times 16.36\% = 12.44（万元）$

第3年：　　　　　$d_3 = \dfrac{10+1-3}{10 \times (10+1) \div 2} \times 100\% = 14.55\%$

$f_3 = 76 \times 14.55\% = 11.06（万元）$

第4年：　　　　　$d_4 = \dfrac{10+1-4}{10 \times (10+1) \div 2} \times 100\% = 12.73\%$

$f_4 = 76 \times 12.73\% = 9.67（万元）$

第5年：　　　　　$d_5 = \dfrac{10+1-5}{10 \times (10+1) \div 2} \times 100\% = 10.91\%$

$f_5 = 76 \times 10.91\% = 8.29（万元）$

以上讨论的是固定资产折旧计算方法。无形资产一般采用直线折旧法在规定的期限内平均摊销，没有规定期限的按照不少于10年的期限平均摊销。其他资产一般也是采用直线折旧法在规定的期限内平均摊销（不计残值），没有规定期限的按照不少于5年的期限平均摊销。

二、流动资金与流动资产（Circulating Fund and Current Assets）

流动资金是指企业生产经营活动中，在固定资产运行初期和正常运行期内多次的、不断循环周转使用的那部分资金，其实物形态就是流动资产。流动资金主要用于维持企业正常生产所需购买燃料、原材料、备品、备件和支付职工工资等的周转资金，从运行初期前的货币形态到生产过程变成实物形态，再到销售过程又变成货币形态，如此不断地周而复始。流动资金一般包括自有流动资金和流动资金借款两部分，后者规定不应超过流动资金总额的某一比例，其相应支付的借款利息可列入产品的成本费用中。流动资金在项目投产前即开始安排，在运行初期按投产规模比例增加，在项目正常运行期末即其经济寿命结束时收回。

流动资产是指在一年内或超过一年的一个营业周期内变动或耗用的资产。按其形态有货币、存货、应收及预付款、短期投资等。流动资产的货币表现即流动资金。加快流动资金的周转速度，可以节约流动资金，使固定资产得到更有效的利用。

三、建设期和部分运行初期的借款利息

建设期利息是指筹措债务资金时在建设期内发生并按规定允许在投产后计入固定资产原值的利息，即资本化利息。

建设期借款的利率是根据借款的资金来源不同进行加权平均后计算得出的。国外贷款则按协议规定计算，引进外资的汇率按国家规定执行。

建设期借款的利息计算方法有个假设前提，即借款自年初至年末陆续支用，平均起来就是当年借款均在当年年中支用，故按半年计息，其后年份按全年计息。以公式表示如下：

$$建设期每年应计利息 = （年初借款本息累计 + 本年借款额/2）× 年利 \qquad (4-8)$$

在一般情况下，水利建设项目在运行初期主体工程已基本建成，但可能有些尾工，如水电站机组正在陆续安装投产发电，故在运行初期既有固定资产投资，又有产品（水库供水和水电站发电）的销售收入。因此，《水利建设项目经济评价规范》（SL 72—2013）规定，运行初期的借款利息应根据不同情况分别计入固定资产总投资或项目总成本费用。在具体计算时，将当年还款资金（水、电产品销售后的净收入）出现小于当年应付借款利息之前这段时间内发生的借款利息，计入项目固定资产总投资；将当年还款资金出现大于当年应付借款利息之后这段时间内发生的借款利息，计入项目总成本费用。

需要说明的是，固定资产投资方向调节税是根据国家的产业政策和项目经济规模，对项目的固定资产投资额实行差别税率征收的一种税。税率分别为0、5%、10%、15%和30%五档。目前国家对水利建设项目不征收固定资产投资方向调节税。

四、更新改造投资

更新改造投资是指工程用于固定资产更新和技术改造的专用投资，是保证工程固定资产在新技术基础上进行简单再生产的资金。水利工程更新改造投资包括项目经济计算期内机电设备、金属结构以及工程设施等需要的更新或拓展项目的投资费用。如果该投资投入后延长了固定资产的使用寿命，或使产品质量实质性提高、成本实质性降低等，使可能流入企业的经济利益增加，需将该固定资产投资予以资本化，即计入固定资产原值，并计提折旧；否则该投资只能费用化，不形成新的固定资产。

第二节　年运行费和年费用

一、年运行费（Annual Operation Cost）

年运行费指维持水利建设项目正常运行每年所需支付的各项费用，包括材料费、燃料及动力费、修理费、职工薪酬、管理费、库区基金、水资源费、其他费用及固定

资产保险费等。

（一）材料费

材料费指水利工程及设施在运行维护过程中自身需要消耗的各种原材料、原水、辅助材料、备品备件。可根据临近地区近三年同类水利建设项目统计资料分析计算。电站缺乏资料时可按 $2\sim5$ 元/（kW·h）计算。

（二）燃料及动力费

燃料及动力费主要是水利工程运行过程中的抽水电费、北方地区冬季取暖费及其他所需的燃料等。抽水电费应根据泵站特性、抽水水量和电价等计算确定；取暖费和其他费用可根据临近地区近三年同类水利建设项目统计资料分析计算。

（三）修理费

修理费主要包括工程日常维护修理费用和每年需计提的大修费基金等。工程修理费按照不同工程类别，按照固定资产价值的一定比例计取。

大修理是指对固定资产的主要部分进行彻底检修并更换某些部件，其目的是恢复固定资产的原有性能。每次大修理所需的费用多、时间长，每隔几年才进行一次，为简化计算，通常将所需的大修理费总额平均分摊到各年。大修理费每年可按一定的大修理费率提取，每年提取的大修理费积累几年后集中使用。大修理费率一般为固定资产原值的 $1\%\sim2\%$。

材料费、燃料及动力费和修理费这些与工程修理维护有关的费用，统称为工程维护费。

（四）职工薪酬

职工薪酬是指为获得职工提供的服务而给予各种形式的报酬以及其他相关支出。职工薪酬包括：职工工资（指工资、奖金、津贴和补贴等各种货币报酬）；职工福利费；医疗保险费、养老保险费、失业保险费、工伤保险费和生育保险费等社会保险费；住房公积金；工会经费和职工教育经费；非货币性福利；因解除与职工的劳动关系给予的补偿；其他与获得职工提供的服务相关的支出。

1. 职工人数应符合国家规定的定员标准。人员工资、奖金、津贴和补贴按当地统计部门公布的独立核算工业企业（国有经济）平均工资水平的 $1.0\sim1.2$ 倍测算，或参照邻近地区同类工程运行管理人员工资水平确定。

2. 职工福利费、工会经费、职工教育经费、住房公积金以及社会基本保险费的计提基数按照核定的相应工资标准确定。职工福利费、工会经费、职工教育经费的计提比例按照国家统一规定的比例 14%、2% 和 2.5% 计提；社会基本保险费和住房公积金等的计提比例按当地政府规定的比例确定。

3. 缺乏资料时，可参考如下计提比例：福利费 14%，工会经费 2%，职工教育经费 2.5%，养老保险费 20%，医疗保险费 9%，工伤保险费 1.5%，生育保险 1%，职工失业保险基金 2%，住房公积金 10%。计提基数是核定的相应的工资标准。

（五）管理费

管理费主要包括水利工程管理机构的差旅费、办公费、咨询费、审计费、诉讼费、排污费、绿化费、业务招待费、坏账损失等。可根据临近地区近三年同类水利建设项目统计资料分析计算。缺乏资料时，可按工资及福利费的1～2倍计算。

（六）库区基金

库区基金是指水库蓄水后，为维护库区安全、岸坡及改建设施维护需花费的费用。该项费用为风险费用，一般难以预计。根据国家现行规定，装机容量在2.5万kW及以上的发电项目按不高于0.008元/（kW·h）的标准征收。

（七）水资源费

水资源费根据取水口所在地县级以上水行政主管部门确定的水资源费征收标准和多年平均取水量确定。

（八）其他费用

其他费用指水利工程运行维护过程中发生的除职工薪酬、材料费以外的与供水生产经营活动直接相关的支出，包括工程观测费、水质监测费、临时设施费等。可参照类似项目近期调查资料分析计算。缺乏资料时，可直接查用《水利建设项目经济评价规范》（SL 72—2013）中的有关费率标准。

（九）固定资产保险费

固定资产保险费为非强制性险种，有经营性收入的水利工程在有条件的情况下可予以考虑，保费按与保险公司的协议确定。在未明确保险公司或保险公司没有明确规定时，可按固定资产价值的0.05%～0.25%计算。

年运行费可按上述9项费用之和求出。

也可按式（4-9）求出：

年运行费=固定资产原值×年运行费率 （4-9）

式中年运行费率可参考表4-2所列的数据。在项目投产运行初期各年的年运行费，可按各年投产规模比例求出。

表4-2 水利建设项目年运行费率统计值

项目	水库工程		灌区工程	水闸工程	堤防工程	泵站工程
	土坝型	混凝土和砌石坝型				
年运行费率/%	2～3	1～2	2.5～3.5	1.5～2.5	2～4	5～7.5

二、年费用（Annual Cost）

在水利建设项目经济分析中，费用是指工程项目在建设期、运行初期（投产期）和正常运行期（生产期）所发生的费用支出，主要包括固定资产投资、更新改造投资、流动资金和各年的年运行费等。所有费用可以用经济计算期（包括建设期、运行初期和正常运行期）内的总值表示，称为总费用，其计算值如式（4-10）所示。也可以将总费用折算为每年的平均支出值，称为年费用。静态经济分析中的年费用计算公式见式（4-11），动态经济分析中的年费用计算公式见式（4-12）。

$$总费用 = 折算到基准点各年费用现值之和 \quad\quad\quad (4-10)$$

$$年费用（静态） = 年基本折旧费 + 年运行费 \quad\quad\quad (4-11)$$

$$年费用（动态） = 资金年回收值 + 年运行费$$

$$= （固定资金 + 流动资金） \times 资金年回收因子 + 年运行费 \quad\quad (4-12)$$

式中 资金年回收因子——本利年摊还因子；

资金年回收值——本利年摊还值。

第三节　成本、利润和税金

一、成本（Cost）

成本是构成产品价格的基本因素。产品价格不变，降低成本，就相应增加了利润。产品成本是衡量企业经营管理水平的一个综合指标。

（一）总成本费用（Total Cost）

水利工程项目总成本费用包括项目在一定时期内为生产、运行以及销售产品和提供服务所花费的全部成本和费用，即包括年运行费（经营成本）、折旧费、摊销费和财务费用，其中年运行费（经营成本）包括材料费、燃料及动力费、职工薪酬、修理费、水资源费、库区基金、管理费、其他费用及固定资产保险费等。

总成本费用可以按经济用途分类计算，也可以按经济内容分类计算。

1. 按经济用途划分。

按成本费用的经济用途划分，也称为制造成本法，是按费用的不同职能归并为产品的成本项目中的费用，即按产品成本项目反映生产费用。可按下式估算：

$$总成本费用 = 生产成本 + 期间费用 \quad\quad\quad (4-13)$$

其中　生产成本 = 直接材料费 + 直接燃料和动力费 + 直接工资 + 其他直接支出 + 制造费用　(4-14)

$$期间费用 = 管理费用 + 营业费用 + 财务费用 \quad\quad\quad (4-15)$$

直接材料、燃料和动力费是指企业生产经营过程中实际消耗的原材料、辅助材料、备品备件、外购半成品、燃料、动力、包装物等所需的费用。

直接工资是指企业直接从事产品生产人员的工资、奖金、津贴和补贴等。

其他直接支出是指企业直接从事产品生产人员的职工福利费等。

制造费用是指企业各个生产单位（分厂、车间）为组织和管理生产所发生的各项支出，包括各生产单位管理人员职工薪酬、折旧费、矿山维简费、修理费、租赁费、物料消耗、低值易耗品、办公费、差旅费、保险费、设计费、劳动保护费、季节和修理期间的停工损失等。

直接材料、燃料和动力费、直接工资、其他直接支出和制造费用构成产品生产成本。已销售产品的生产成本通常称为产品销售成本。

管理费用是指企业行政管理部门为管理和组织生产经营活动的各项支出，包括公司经费、工会经费、职工教育经费、劳动保险费、待业保险费、董事会费、咨询费、审计费、诉讼费、房产税、车船使用税、土地使用税、印花税、土地使用费、技术转让费、研究开发费、无形资产摊销、递延资产摊销、业务招待费、坏账损失等。公司经费包括工厂总部管理人员职工薪酬、差旅费、办公费、折旧费、修理费、物料消耗、低值易耗品摊销等。

营业费用是指企业在销售产品、自制半成品和提供劳务等过程中发生的各项费用以及专设销售机构的各项经费，包括应由企业负担的运输费、装卸费、包装费、保险费、委托代销手续费、广告费、展览费、租赁费和销售服务费用及销售部门人员职工薪酬、差旅费、办公费、折旧费、修理费、物料消耗、低值易耗品等。

财务费用是指生产经营者为筹集资金而发生的费用。包括在生产经营期间发生的利息支出（减利息收入），汇兑净损失，金融机构手续费以及筹资发生的其他财务费用。该项费用与国家金融政策密切相关，要随时了解掌握国家政策变化情况。

按经济用途划分计算费用，便于进行成本分析，进行同行业之间的比较，评价成本效益，是编制财务报表所要求的、与国际接轨的分类方法。

2. 按经济内容划分。

按经济内容划分，也称为生产要素费用分类法，指企业在一定生产时期发生的费用，包括劳动对象、劳动力和劳动资料方面的投入。可按下式估算：

总成本费用=外购原材料、燃料及动力费+职工薪酬+折旧费+摊销费+修理费

+管理费+财务费用（利息支出）+库区基金+水资源费+其他费用　　（4-16）

折旧费是指项目固定资产的年折旧费；摊销费是生产经营者需计提的管理费组成部分，主要包括土地资产摊销、无形资产摊销、开办费摊销等。鉴于该项费用提取要求尚无明确规定，可将土地资产、无形资产、开办费等计入固定资产原值，按固定资产折旧办法进行摊销。

这种按经济内容进行成本费用分类，被分为若干要素费用，即按照要素归并费用，所以又称要素费用。此方法便于统计和编制采购计划，用于工程可行性研究与工程规划设计比较简单方便，一般水利工程建设阶段的费用计算，多基于这一分类基础。

对有借款的水利建设项目应分别计算还贷期和还贷以后及整个经营期的年平均总成本费用。

（二）生产成本

一般来说，产品的生产成本是指在一定时期内企业为生产该产品所须支出的全部费用，即包括年折旧费、年运行费（经营成本）、保险费、借款利息等。产品的销售成本则由生产成本和营业费用组成。例如，对电力部门来说，售电成本系由发电成本和供电成本两部分组成，分别由发电厂供电局的折旧费与年运行费等部分计算得出。

此外，在成本中还应计入保险费。参加保险的投保人（或法人）根据规定向保险人（保险公司）缴付保险费。保险分为自愿保险和强制保险两种，洪水保险一般属于强制保险。在水利方面，我国已举办防洪保险和工程财产保险。投保时，应根据规定

由投保人与保险公司签订合同，并按期缴纳保险费。投保人应制订维护安全的有关规定，保险公司有权对被保险的财产的安全情况进行检查。保险金额是指被保险对象发生意外事故受到损失时，保险人负责赔偿的最高金额，通常不能超过保险标的实际价值。保险费率是保险公司根据标的危险性的大小、可能发生损失的概率、损失率的大小和经营费用的多少确定的。如果发生保险事故，保险公司按合同规定对事故造成的损失给予赔偿，或者在合同期届满时承担付给保险金的责任。在没有明确保险公司或保险公司没有明确规定时，固定资产保险可按固定资产的 0.25% 计算。参加保险的水利工程，在进行财务评价时应将保险费计入成本中。

流动资金分为自有流动资金和流动资金借款（按规定不应超过总额的70%）两部分，流动资金借款须每年付息，支付的利息列入产品成本中。

（三）几个相关概念

1. 固定成本。固定成本是指在一定的时间和范围内，不随产品产量增减而变动的成本，又称为不变成本。如折旧费、修理费、职工薪酬、固定资产保险费、管理费、推销费、财务费用等。当职工薪酬按计件计算时，其成本为可变成本。

2. 可变成本。可变成本是指在一定的时间和范围内，随产品产量增减而变动的成本。如材料费、燃料及动力费、库区基金、水资源费和其他费用等。

3. 沉入成本。沉入成本也叫沉没费用，是指以往已经发生的但与当前决策无关的费用。经济活动在时间上是具有连续性的，但从决策的角度看，以往发生的费用只是造成当前状态的一个因素，当前状态是决策的出发点，当前决策所要考虑的是未来可能发生的费用及可能带来的效益。不考虑以往发生的费用。

4. 机会成本（Opportunity Cost）。机会成本是将一种具有多种用途的有限资源置于特定用途时所放弃的收益。当一种有限的资源具有多种用途时，可能有许多个投入这种资源获取相应收益的机会，如果这种资源置于某种特定用途，必然要放弃其他的资源投入机会，同时也放弃了相应的收益，在所放弃机会中的最佳机会可能带来的收益，就是将这种资源用于特定用途时的机会成本。

使用机会成本的概念从社会观点看可以比较准确地反映把有限的资源用丁某项经济活动的代价，从而促使人们比较合理地分配和使用资源。

二、利润（Profit）

利润是指商品按照市场价格或规定价格，实现销售收入后扣除销售成本和税金后的余额。利润是劳动者为社会创造的价值，是用来发展生产，改善人民物质、文化生活的基础，也是国家财政收入的重要组成部分。计算公式如下：

销售收入=商品销售量×商品价格　　　　　　　　　　　　　　　（4-17）

销售利润=销售收入−总成本费用−销售税金及附加　　　　　　　（4-18）

税后利润=销售利润−所得税　　　　　　　　　　　　　　　　　（4-19）

水利建设项目的财务收入包括出售水利产品、提供服务所获得的收入以及可能获得的各种补贴或补助收入。年利润总额应包括出售水利产品和提供服务所获得的年利润，按年财务收入扣除年总成本费用和年销售税金及附加计算。

现行财会制度规定项目实现年利润总额的具体分配办法如下：

1. 项目发生了年度亏损，可以用下一年度所得税前的利润弥补，下一年度不足弥补的，可以在5年内延续弥补，如5年内仍不足弥补，则以后需用缴纳所得税后的利润弥补。年利润总额扣除依法弥补以前年度亏损和应纳所得税后的余额为税后利润。

2. 可供分配利润等于项目实现的利润总额在弥补亏损、交纳所得税后，加上期初未分配利润，分配顺序如下：

（1）弥补以前年度亏损（前5年之前）。

（2）提取法定盈余公积金。按照本年净利润（税后利润减去年初累计亏损）的10%计提。以前年度累积的法定盈余公积金达到注册资本金的50%时，可以不再提取。

（3）向投资者分配利润或股利。企业以前年度未分配的利润可以并入本年度向投资者分配。在提取了法定盈余公积之后，应按照下列顺序进行分配：支付优先股股利；提取任意盈余公积金。任意盈余公积金按照公司章程或者股东会决议提取和使用；支付普通股利。

（4）未分配利润。是指实现利润扣除以上各项后的余额。

项目利润总额分配图，如图4-2所示。

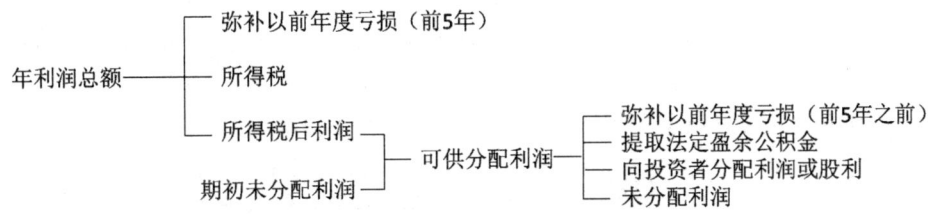

图4-2 项目利润总额分配图

需要注意的是，企业以前年度亏损未弥补完，不得提取法定盈余公积金。在法定盈余公积金未提足前，不得向投资者分配利润。股份有限公司当年无利润时，不得向股东分配股利，但在盈余公积金弥补亏损后，经股东大会特别决议，可以按照不超过股票面值6%的比例用盈余公积金分配股利，在分配股利后，企业法定盈余公积金不得低于注册资本金的25%。

三、税金（Scot）

税金是指国家根据法律规定向纳税人（单位或个人）无偿征收的货币或实物，具有强制性、无偿性和固定性等特征。对纳税人而言，缴纳税金是纳税人为国家提供积累的重要方式；对国家而言，称为税收。税收是国家财政收入的主要来源，可起到调节生产和消费、发展国际贸易、维护国家经济发展的作用。

我国工业企业应当缴纳的税有十多种，水利工程管理单位现应缴纳的税金主要有以下几项：

（一）增值税（Value Added Tax）

增值税是对在我国境内销售货物或者提供加工、修理修配劳务以及报关进口货物入境的单位和个人而征收的一种税金。增值税是以商品销售额为计税依据，同时从税额中扣除上一道环节中已经缴纳的税款。

增值税，实行价外税。如果采用含增值税价格计算销售收入和原材料、燃料动力成本时，相应的财务报表需单列"增值税"；反之，则不单列。一些地区对供水工程征收营业税，在经济评价中其计算方法类似于增值税。按《中华人民共和国增值税暂行条例》，自来水项目增值税率为13%，其他项目增值税率为17%。目前，大中型水电站的增值税税率基本上都采用17%；对于小于50MW的小型水电站增值税率，一些省份执行6%，还有一些省份采用17%，可根据各地有关规定执行。

（二）销售税金及附加

包括城市维护建设税、教育费附加。这属于价内税，以增值税、营业税税额为依据计提。城市维护建设税按照纳税人所在地实行差别比例税率，市区为7%，县城、建制镇为5%，其他地区为1%。教育费附加，附加率应按有关规定执行，没有规定的费率可取3%。

（三）企业所得税

按销售收入扣除总成本费用和有关税金等费用后为应纳税所得额。应纳所得税等于应纳税所得额乘以所得税税率。根据2007年全国人民代表大会通过的《中华人民共和国企业所得税法》，水利水电工程企业所得税率为25%。对于国家或地方有另外规定减征或者免征的按规定执行。

项目财务收入与总成本费用、税金和利润的关系见图4-3。

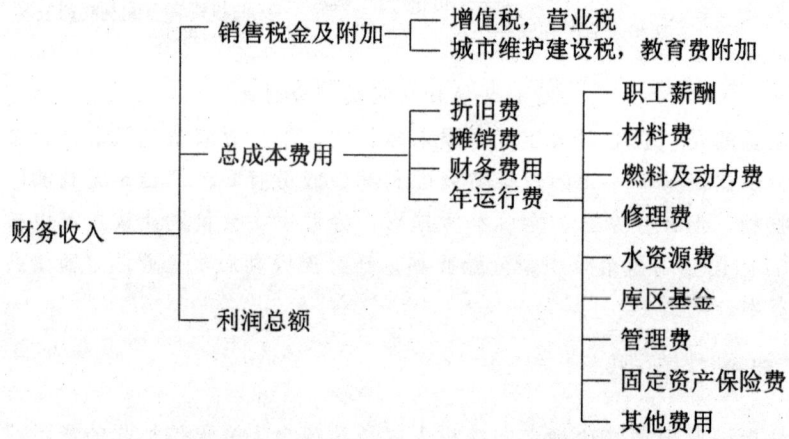

图4-3 项目财务收入与总成本费用、税金和利润的关系图

第四节　工程效益

水利工程效益（Hydraulic Project Benefit）是指项目给社会带来的各种贡献和有利影响的总称，它以有无水利建设项目对比所增加的利益或减少的损失来衡量。效益是评价水利工程有效程度及其建设可行性的重要指标。

一、水利工程效益的分类

工程效益分类的方法很多，从对水利工程综合经济分析与评价的角度来说，大体可以分为以下五类。

（一）功能效益与综合效益（Functional Benefit and Comprehensive Benefit）

按项目在国民经济中的不同作用和功能，将水利工程的效益分为防洪（防凌、防潮）效益、治涝（治碱、治渍）效益、灌溉效益、城镇供水效益、乡村人畜供水效益、水力发电效益、航运效益、水土保持效益、牧区水利效益、水产养殖效益、环境保护效益、滩涂开发效益、水利旅游效益和由上述效益中两项以上效益组成的综合效益等。

（二）直接效益与间接效益（Direct Benefit and Indirect Benefit）

按项目涉及的时空边界范围，将水利工程效益分为直接效益和间接效益。直接效益是指水利工程建成后可以增加的各类产品或增加的经济价值。如水力发电、工农业供水可获得的经济效益，修建防洪、治涝工程可减免的洪、涝灾害损失等。间接效益又称外部效益，是指项目为社会作出贡献而本身并没有得到的那部分效益。如工程建成后由于工农业增产而发展工农业产品和农副产品加工所获得的净收益（有的地方称为"次生效益"）；因修建工程而增加的机械、原料、材料和服务行业的净收益（有的地方称为"诱发效益"）等。

（三）有形效益与无形效益（Tangible Benefit and Intangible Benefit）

按项目效益可定量计算和不可定量计算的情况，将水利工程效益分为有形效益与无形效益。有形效益是指可以用货币或实物指标表示的效益，如防洪效益中可以减免的国民经济损失（可用货币表示）和人口伤亡（可用实物指标表示）。无形效益是指不能用货币和实物指标表示的效益，如水利工程建成后促进地区综合经济和教育事业的发展，促进社会安定和国防安全，提高国际威望等。在对水利工程进行效益分析时，无论有形效益与无形效益，都应全面加以论证分析。对于不能用具体指标表达的无形效益，可以用文字加以详细明确的描述，以便对水利工程的效益进行全面、正确的评估。

（四）国民经济效益（National Economic Benefit）与财务效益（Financial Benefit）

按项目效益的核算单位，将水利工程效益分为国民经济效益（又称经济效益）和财务效益。国民经济效益是指工程项目建成后对国家、全社会所做的贡献，按有、无项目对比的方法，以影子价格和社会折现率计算其直接效益和间接效益。例如，防洪工程建成后除可以减少直接损失外，还可以减少因洪水淹没造成交通受阻中断，致使其他地区因原材料供应不足而造成的间接经济损失等。

财务效益是指工程项目建成后向用户销售水利产品或提供服务所获得的按财务价格计算的收入，一般称财务收入或销售收入，如工农业供水的水费收入、水力发电的电费收入、防洪保护费收入等。

（五）正效益和负效益（Positive Benefit and Negative Benefit）

按项目对国民经济发展的作用和影响，将水利工程效益分为正效益和负效益。水利工程建成后，对社会、经济、环境带来的有利影响，称为正效益；对社会、经济、环境造成的不利影响，称之为负效益。例如某水库建成蓄水后，由于水体的巨大压力，可能引起诱发地震；有些水库蓄水后产生大面积浅水区，导致疟蚊滋生繁殖，或者钉螺面积扩大，形成血吸虫病的流行区。修建水库，总要淹没农田、城镇、矿藏、交通干线或文化古迹等，造成资源的损失；发展灌溉工程，可能需要大量引水，如无相应的配套排水措施，可能引起灌区地下水位上升，导致土壤盐碱化和沼泽化等负效益。在水利工程效益分析中，不仅要计算正效益，也要考虑负效益，以便对水利工程进行全面正确的评估。

二、水利工程效益的特点

水利工程的效益与其他工程的效益相比，具有以下几方面的特点。

（一）随机性（Randomicity）

影响水利工程发挥效益的主要因素是降水、径流、洪水等自然因素，它们具有随机性，故水利工程效益也具有随机性。如防洪效益未遇到大洪水时就很小，遇到大洪水时就很大；再如发电效益，遇上丰水年，发电量多，效益大；遇上枯水年，发电量少，效益小；灌溉工程遇干旱年效益就大，风调雨顺年份灌溉效益就小。

（二）复杂性（Complexity）

水利工程往往是综合利用工程，具有多方面的综合利用效益，但由于各部门对水利工程的要求和获得效益是很复杂的，有时一致，有时矛盾，有时交叉。例如水库上游地区工农业引水量多，就减少了入库水量，水库下游地区能引用的水量就相应减少了。综合利用水库多预留防洪库容，水库的防洪作用增大，防洪效益就相应增加，但兴利库容减小，灌溉、供水、发电等效益就会相应减少。因此，计算水利工程效益应兼顾不同专业、部门和地区的特点，并划清各功能效益计算的范围，避免遗漏和重复计算。

（三）可变性（Variability）

水利工程效益是随时间而变化的。如防洪效益，随着国民经济的发展，防洪保护区内的工农业生产也随之发展，在同一频率洪水条件下现在遭受损失远较将来遭受的损失小，即随时间的推移，防洪效益随之增大；再如航运效益，也是随经济的发展、运量的增大、随时间的推移逐步增大。与上述情况相反，也有些效益是随时间推移而逐步减少的。例如，由于泥沙淤积而使水库有效库容逐年减少，效益也随之降低；随着上游地区工农业生产发展用水量增加后，也可能使下游水利工程的一些效益减少；但也有由于上游水库兴建，调节流量增加，而使下游水利工程的发电、航运等效益增大的。所以，为了反映水利工程效益随时间变化的特点，在效益计算中要依据工程的特点研究效益的变化趋势和增长的速率。

（四）公益性（Public Welfare）

水利是国民经济的基础设施和基础产业，水利建设项目一般具有防洪、灌溉、发电、航运等综合效益，这对减少水旱灾害、提高农业和电力生产、促进交通运输、发展社会经济等均具有重要意义。但有些防洪、治涝工程，主要属社会公益性质的水利建设项目，国民经济效益很大，但无财务收入，需政府或有关部门提供补贴。

除了上述投资、效益和有关的主要财务指标外，水利工程还经常使用如下实物指标：

1. 反映工程效益的指标。例如防洪、治涝面积，灌溉耕地面积，水电站装机容量及年发电量，城市、工业年供水量等。

2. 反映水库淹没损失的指标。例如淹没耕地数，迁移人口数，淹没交通线类型及里程，以及单位人口迁移安置费、单位耕地赔偿费等。

3. 反映主要材料消耗的指标。例如钢材、木材、水泥等主要建筑材料的总消耗量及其相应单位消耗指标，例如每立方米混凝土的三材用量、每万元投资的三材占用量等。

4. 反映工程量、劳动力及工期的指标。例如土石方量的开挖、填筑量，混凝土浇筑量，总工日及高峰劳动力，工程开始发挥效益的时间及总工期等。

5. 单位综合技术经济指标。例如单位库容投资、单位防洪面积投资、单位堤防长度投资、单位灌溉面积投资、单位供水量投资、单位装机容量投资、单位电量投资、单位电能成本等。

第四章　水利建设项目经济评价与社会评价

第一节　水利建设项目经济评价

经济评价是对建设项目的费用、效益、经济合理性及财务可行性等所作的分析评估。经济评价包括财务评价和国民经济评价，是项目可行性研究的重要组成部分。本节结合水利工程实际，在简要说明国民经济评价和财务评价的内容、程序及评价指标的基础上，系统阐述国民经济评价和财务评价中费用和效益的识别，并介绍财务评价中资金的来源与融资方案分析、财务报表的编制及财务效果分析以及不确定性分析与风险分析等内容。

投资经济活动是十分复杂的，某些经济数据、参数发生变化是不可避免的，为了分析评价这些因素的变化对投资项目的影响程度，必须进行不确定性分析和风险分析，以保证投资决策的科学性和准确性。

一、国民经济评价与财务评价概述

（一）国民经济评价与财务评价的关系

国民经济评价（National Economic Evaluation）与财务评价（Financial Evaluation）是同一个项目，且两者有紧密的联系。但两者代表的利益主体不同，从而存在着以下主要区别：

1. 评价角度不同。国民经济评价是在合理配置社会资源的前提下，从国家（社会）经济整体利益的角度出发，考察项目对国民经济的贡献，分析项目的经济效率、效果和对社会的影响，评价项目在宏观经济上的合理性。财务评价是在国家现行财税制度和价格体系的前提下，从项目的角度出发，计算项目范围内的财务费用和效益，分析项目的财务生存能力、偿债能力和盈利能力，评价项目在财务上的可行性。

2. 费用与效益的计算范围不同。国民经济评价着眼于考察社会为项目付出的费用和社会从项目获得的效益，故属于国民经济内部转移的各种补贴等不作为项目的效益，各种税金等不作为项目的费用。财务评价是从项目财务的角度，确定项目实际的财务支出和收入，交纳的各种税金等作为项目的财务支出，而各种补贴等作为项目的收入。国民经济评价要分析、计算项目的间接费用与间接效益，即外部效果。财务评价只计算项目直接的支出与收入。

3. 采用的投入物和产出物的价格不同。国民经济评价采用影子价格，财务评价采用财务价格。

国民经济评价采用的影子价格，是指依据一定原则确定的，比财务价格更为合理的价格。它能更好地反映产品的真实价值，市场供求情况及资源稀缺程度，并能使资源配置更趋于优化合理。财务评价采用的财务价格，是指以现行价格体系为基础的预测价格。国内现行价格包括现行商品价格和收费标准，有国家定价、国家指导价和市场价三种价格形式。在各种价格并存的情况下，项目财务价格应是预计最有可能发生的价格。

4. 主要参数不同。国民经济评价采用国家统一测定的影子汇率（Shadow Exchange Rate）和社会折现率（Social Discount Rate）。财务评价采用国家外汇牌价和行业财务基准收益率。

社会折现率是项目国民经济的重要通用参数，表征社会对资金时间价值的估算，从整个国民经济角度所要求的资金投资收益率标准来看，代表占用社会资金所应获得的最低收益率。采用适当的社会折现率进行项目国民经济评价，有助于合理使用建设资金，引导投资方向，调控投资规模，促进资金的合理配置。目前，国家规定全国各行业、各地区都统一采用8%的社会折现率。考虑到水利建设项目的特殊性，特别是防洪等属于社会公益性质的建设项目，有些效益，如政治效益、社会效益、环境效益、地区经济发展的效益等很难用货币表示，使得这些项目中用货币表示的效益比它实际发挥的效益要小。因此，规定对属于或兼有社会公益性质的项目，可同时采用一个略低的社会折现率进行国民经济评价，供项目决策参考。一般可先按8%的社会折现率进行计算和比较，必要时，再按6%的社会折现率进行计算和比较。

5. 主要评价指标不同。国民经济评价是从全社会或国民经济综合平衡角度进行经济评价，其评价内容包括盈利能力分析和外汇效果分析，对难以量化的外部效果还需进行定性分析。评价指标有经济净现值、经济内部收益率、经济效益费用比、经济换汇成本等指标。财务评价则是从项目财务核算单位的角度考察项目在财务上的可行性，对盈利项目，其评价指标有财务内部收益率、投资回收期、贷款偿还期等，对于公益性项目，则以产品成本、价格、补偿办法、优惠措施等作为评价指标。

国民经济评价与财务评价比较见表5-1。

表5-1 国民经济评价与财务评价比较

项目	国民经济评价	财务评价
评价角度	全社会或整个国民经济	项目核算单位
计算范围	直接效益和直接费用及比较明显的间接效益和间接费用。属于国民经济内部转移支付的利润、税金、贷款利息等不计入项目的费用和效益	直接效益和直接费用。利润、税金、贷款利息等计入项目的费用和效益

续表

项目	国民经济评价	财务评价
价格	影子价格	财务价格
评价标准	社会折现率	部门或行业的基准收益率
主要评价指标	经济内部收益率经济净现值经济效益费用比	盈利项目（财务内部收益率、投资回收期、贷款偿还期） 公益项目（产品成本、价格、补偿办法、优惠措施）
主要报表	国民经济效益费用流量表	项目投资现金流量表（全部投资） 项目资本金现金流量表 投资各方现金流量表 利润和利润分配表（损益表） 财务计划现金流量表 资产负债表 借款还本付息计划表 项目投资计划及资金筹措表 总成本费用估算表

国民经济评价旨在把国家各种有限的资源用于国家最需要的投资项目上，使资源得到合理的配置，因此，原则上应以国民经济评价为主，但企业是投资后果的直接承受者，财务评价是企业投资决策的基础。当财务评价与国民经济评价的结论相矛盾时，项目及方案的取舍一般应取决于国民经济评价的结果，但财务评价结论仍然是项目决策的重要依据。当国民经济评价认为可行，而财务评价认为不可行时，说明该项目是国计民生急需的项目，应研究提出由国家和地方的财政补贴政策或减免税等经济优惠政策，使建设项目在财务评价上也可接受。

（二）项目经济评价的原则

项目经济评价是一项政策性、综合性、技术性很强的工作，为了提高经济评价的准确性和可靠性，真实地反映项目建成后的实际效果，项目经济评价应在国家宏观经济政策指导下进行，使各投资主体的内在利益符合国家宏观经济计划的发展目标。具体应遵循以下原则和要求：

1. 必须符合国家经济发展的产业政策，投资的方针、政策以及有关的法规。

2. 项目经济评价应在国民经济与社会发展的中长期计划、行业规划、地区规划、流域规划指导下进行。

3. 项目经济评价必须具备应有的基础条件，所使用的各种基础资料和数据，如建设投资、年运行费用、产品产量、销售价格等，务求翔实、准确，避免重复计算，严禁有意扩大或缩小。

4. 项目经济评价中所采用的效益和费用计算应遵循口径对应一致的原则，即效益计算到哪一个层次，费用也算到哪一个层次，例如水电工程，若费用只计算了水电站本身的费用，则在计算发电效益时，采用的电价就只能是上网电价。

5. 项目经济评价应考虑资金的时间价值，以动态分析为主，认真计算国家和有关部门所规定的动态指标，作为对项目经济评价的主要依据。

6. 在项目国民经济评价和财务评价的基础上，做好不确定性因素的分析，以保证建设项目能适应在建设和运行中可能发生的各种变化，达到预期（设计）的效益。

7. 考虑到水利建设项目特别是大型综合利用水利工程项目情况复杂，有许多效益和影响不能用货币表示，甚至不能定量，因此，在进行经济评价时，除做好以货币表示的经济效果指标的计算和比较外，还应补充定性分析和实物指标分析，以便全面地阐述和评价水利建设项目的综合经济效益。

8. 项目经济评价一般都应按国家和有关部门的规定，认真做好国民经济评价和财务评价，并以国民经济评价的结论为主考虑项目或方案的取舍。由于水利建设项目特别是大型水利工程项目规模巨大，投入和产出都很大，对国民经济和社会发展影响深远，经济评价内容除按一般程序进行国民经济评价和财务评价指标计算分析外，还应根据本项目的特殊问题和人们所关心的问题增加若干专题经济研究，以便从不同侧面把兴建水利工程的利弊分析清楚，正确评价其整体效益和影响。

9. 必须坚持实事求是的原则，保证项目经济评价的客观性、科学性和公正性。

对大、中型水利建设项目，在国民经济评价和财务评价的基础上，还应根据具体情况，分析以下经济评价补充指标，并与可比的同类项目或项目群进行比较，分析项目的经济合理性。经济评价补充指标有：（1）总投资和单位功能投资指标，包括单位库容投资、单位防洪面积投资、单位堤防长度投资、单位灌溉面积投资、单位供水量投资、单位装机容量投资、单位电量投资等；（2）主要工程量、单位功能的工程量指标，包括单位库容或单位河道、堤防长度的土石方量、钢材、木材、水泥用量等；（3）水库淹没实物量和工程占地面积、单位功能的淹没占地指标，包括单位库容淹没入口、耕地指标，单位灌溉面积或单位河道、堤防长度挖压占地指标等。

对特别重要的水利建设项目，应站在国民经济总体的高度，从以下几方面分析、评价建设项目在国民经济中的作用和影响：（1）在国家、流域、地区国民经济中的地位和作用；（2）对国家产业政策、生产力布局的适应程度；（3）投资规模与国家、地区的承受能力；（4）水库淹没、工程占地对地区社会经济的影响。

对工程规模大，初始运行期长的水利建设项目，应分析以下经济评价补充指标，分析评价项目的经济合理性：（1）开始发挥效益时所需投资占项目总投资的比例；（2）初期效益分别占项目总费用和项目总效益的比例。

二、国民经济评价

国民经济评价，是在一定的社会经济制度下，按照资源合理配置的原则，从国家整体角度考察项目的费用和效益，用货物影子价格、影子汇率、影子工资和社会折现率等经济参数，分析计算项目对国民经济的净贡献，评价项目的经济合理性。

（一）国民经济评价的目的和作用

国民经济评价是一种宏观评价，只有多数项目的建设符合整个国民经济发展的需要，才能在充分合理利用有限资源的前提下，使国家获得最大的净效益。我们可以把国民经济作为一个大系统，项目的建设作为这个大系统中的一个子系统，项目的建设与生产，要从国民经济这个大系统中汲取资金、劳力、资源、土地等投入物，同时也向国民经济这个大系统提供一定数量的产出物（产品、服务等）。国民经济评价就是评价项目从国民经济中所汲取的投入与向国民经济提供的产出对国民经济这个大系统的经济目标的影响，从而选择对大系统目标优化最有利的项目或方案，达到合理利用有限资源，使国家获得最大净效益的目的。

我国不少商品的价格不能反映价值，也不能反映供求关系。在这种商品价格严重"失真"的条件下，按现行价格计算项目的投入或产出，不能确切地反映项目建设给国民经济带来的效益与费用支出。国民经济评价采用能反映资源真实价值的影子价格计算建设项目的费用和效益，可以真实反映项目对国民经济的净贡献，得出该项目的建设是否对国民经济总目标有利的结论。

国民经济评价可以起到鼓励或抑制某些行业或项目发展的作用，促进国家资源的合理分配。国家可以通过调整社会折现率这个重要的国家参数来控制投资总规模，当投资规模膨胀时，可适当提高社会折现率，控制一些项目的通过。同时，有了足够数量的、经过充分论证和科学评价的备选项目，便于各级计划部门从宏观经济角度对项目进行排队和取舍，有利于提高计划质量，达到投资决策科学化的目的。

（二）国民经济评价的费用与效益

1. 费用与效益的识别

确定建设项目经济合理性的基本途径是将建设项目的费用与效益进行比较，进而计算其对国民经济的净贡献。因此，正确地识别费用与效益，是保证国民经济评价正确性的重要条件和必要前提。

由于国民经济评价是从整个国民经济增长的目标出发，以项目对国民经济的净贡献大小来考察项目的。所以，国民经济评价中所指建设项目的费用应是国民经济为项目建设投入的全部代价，所指建设项目的效益应是项目为国民经济作出的全部贡献。为此，对项目实际效果的衡量，不仅应计算直接费用和直接效益，还应计算项目的间接费用和间接效益。属于国民经济内部转移支付的部分不计为项目的费用或效益。

在辨识和分析计算项目的费用和效益时应按"有无分析法"（即"有项目"和"无项目"情况的费用和效益）计算其增量，按效益与费用计算口径对应的原则确定费用与效益的计算范围，避免重复和遗漏。

2. 直接费用与直接效益

直接费用与直接效益是项目费用与效益计算的主体部分。项目的直接费用主要指国家为满足项目投入（包括固定资产投资、流动资金及经常性投入）的需要而付出的代价。水利建设项目中的枢纽工程（或河渠工程）投资、水库淹没处理（或河渠占地）补偿投资、年运行费、流动资金等均为水利水电建设项目的直接费用。

项目的直接效益主要指项目的产出物（物质产品或服务）的经济价值。不增加产出的项目，其效益表现为投入的节约，即释放到社会上的资源的经济价值。如水利建设项目建成后水电站（增加）的发电收益，减免的洪灾淹没损失，增加的农作物、树木、牧草等主、副产品的价值，均为水利建设项目的直接效益。

3.间接费用与间接效益

间接费用又称外部费用，是指国民经济为项目付出了代价，而项目本身并不实际支付的费用。例如项目建设造成的环境污染和生态的破坏。

间接效益又称外部效益，是指项目对社会作了贡献，而项目本身并未得益的那部分效益。例如在河流上游建设水利水电工程后，增加的河流下游水电站出力和电量。

计算间接费用和间接效益时应注意：

（1）"间接"和"直接"是相对的。外部费用和外部效益通常较难计量，为了减少计量上的困难，首先应力求明确项目的"边界"。一般情况下可扩大项目的范围，特别是一些相互关联的项目可以合在一起视为同一项目（联合体）捆起来进行评价，这样可使外部费用和效益转化为直接费用和直接效益。

（2）影子价格中已体现了项目的某些外部费用和效益，则计算间接费用和间接效益时，不得重复计算该费用和效益。

（3）只计算与项目一次相关比较明显、能用货币计量的间接费用和间接效益，不宜扩展过宽。

（4）费用与效益的计算口径要对应一致，即效益计算到哪一个层次（范围），费用也相应要计算到那一个层次（范围）。

4.转移支付

项目财务评价用的费用或效益中的税金、国内贷款利息和补贴等，是国民经济内部各部门之间的转移支付，不造成资源的实际耗费或增加。因此，在国民经济评价中不能计为项目的费用或效益，但国外借款利息的支付产生了国内资源向国外的转移，则必须计为项目的费用。

（三）国民经济评价基本报表及指标

国民经济的基本报表一般包括国民经济效益费用流量表（全部投资）和国民经济效益费用流量表（国内投资）。前者以全部投资作为计算的基础，用以计算全部投资经济净现值、经济内部收益率等指标，评价全部投资的经济效果；后者以国内投资作为计算的基础，将国外借款利息和本金的偿付作为费用流出，用以计算国内投资的经济净现值、经济内部回收率等指标，评价国内投资的经济效果。两者的格式分别见表5-2和表5-3。

表5-2 国民经济效益费用流量表（全部投资）

项目	计算期/年份								合计
	建设期		...	运行期					
	1	2	...	...	...	...	n-1	n	
1.效益流量B									
1.1项目各项功能的效益									
1.1.1××××									
1.1.2XXX									
1.1.3XXX									

项目	计算期/年份								合计
	建设期			运行期					
	1	2	…	…	…	…	n−1	n	
1.2 回收固定资产余值									
1.3 回收流动资金									
1.4 项目间接效益									
1.5 项目负效益									
2. 费用流量 C									
2.1 固定资产投资									
2.2 流动资金									
2.3 年运行费									
2.4 更新改造费									
2.5 项目间接费用									
3. 净效益流量 B−C									
4. 累计净效益流量									

计算指标：

经济内部收益率/%：

经济净现值（$i_s=$ ）

经济效益费用比（$i_s=$ ）

注：项目各项功能的效益应根据该项目的实际功能计列，项目负效益用负值表示。

表5-3 国民经济效益费用流量表（国内投资）

项目	计算期/年份								合计
	建设期			运行期					
	1	2	…	…	…	…	n−1	n	
生产负荷/%									
1. 效益流量									
1.1 产品销售（营业）收入									
1.2 回收固定资产余值									
1.3 回收流动资金									
1.4 项目间接效益									
1.5 项目负效益									
2. 费用流量									
2.1 固定资产投资中国内资金									
2.2 流动资金中国内资金									

项目	计算期/年份								合计
	建设期			运行期					
	1	2	…	…	…	…	n−1	n	
2.3经营费用									
2.4流至国外的资金									
2.4.1国外借款本金偿还									
2.4.2国外借款利息支付									
2.5项目间接费用									
3.净效益流量1-2									
计算指标： 经济内部收益率/%： 经济净现值（$i_s=$　%）									

为了编制这些基本报表，还应编制一些辅助报表。在财务评价基础上进行国民经济评价的项目，需要编制国民经济投资调整计算表、国民经济销售收入调整计算表和国民经济评价经营费用调整计算表。

涉及产品出口创汇或替代进口节汇的项目，还应编制经济外汇现金流量表（基本报表）和出口（替代进口）产品国内资源流量表（辅助报表）。经济外汇现金流量表的基本格式见表5-4。

表5-4 国民经济外汇流量表

项目	计算期/年份								合计
	建设期			运行期					
	1	2	…	…	…	…	n−1	n	
生产负荷/%									
1.外汇流入									
1.1产品销售（外汇）收入									
1.2外汇借款									
1.3其他外汇收入									
2.外汇流出									
2.1固定资产投资中外汇支出									
2.2进口原材料									
2.3进口零部件									
2.4技术转让费									
2.5偿付外汇借款本息									
2.6其他外汇支出									
3.净外汇流量1-2									
4.产品替代进口收入									

续表

项目	计算期/年份							合计
	建设期			运行期				
	1	2	…	…	…	…	n−1	n	
5. 净外汇效果 3+4								

计算指标:

经济外汇净现值（i_s=　　%）

经济外汇成本或经济节汇成本:

注：技术转让费是指生产期支付的技术转让费。

国民经济评价内容包括盈利能力分析和外汇效果分析，对难以量化的外部效果还需进行定性分析。其评价指标有经济净现值、经济内部收益率、经济效益费用比、经济换汇成本等指标。

1. 经济净现值（ENPV）

经济净现值反映项目对国民经济所作贡献的绝对指标，以用社会折现率（i_s）将项目计算期内各年的净效益折算到计算期初的现值之和表示。其表达式为

$$ENPV = \sum_{t=0}^{n}(B-C)_t(1+i_s)^{-t}　　　　　　　　　　(5-1)$$

项目的经济合理性应根据经济净现值（ENPV）的大小确定。当经济净现值大于或等于零（ENPV≥0）时，该项目在经济上是合理的。

2. 经济内部收益率（EIRR）

经济内部收益率表示项目占用的费用对国民经济的净贡献能力，反映项目对国民经济所作贡献的相对指标，它是项目计算期内各年净效益现值累计等于零时的折现率。其表达式为

$$\sum_{t=0}^{n}(B-C)_t(1+EIRR)^{-t} = 0　　　　　　　　　　(5-2)$$

式中 EIRR——经济内部收益率；

B——年效益，万元；

C——年费用，万元；

n——计算期，年；

t——计算期各年的序号；

$(B-C)_t$——第 t 年的净效益，万元。

项目的经济合理性应按经济内部收益率（EIRR）与社会折现率（i_s）的对比分析确定。当经济内部收益率大于或等于社会折现率（EIRR≥i_s）时，该项目在经济上是合理的。

3. 经济效益费用比（EBCR）

经济效益费用比是反映项目单位费用对国民经济所作贡献的相对指标，以项目效益现值与费用现值之比表示。其表达式为

$$EBCR = \frac{\sum_{t=0}^{n}B_t(1+i_s)^{-t}}{\sum_{t=0}^{n}C_t(1+i_s)^{-t}} \tag{5-3}$$

式中 EBCR——经济效益费用比；

B_t——第 t 年的效益，万元；

C_t——第 t 年的费用，万元。

项目的经济合理性应根据经济效益费用比（EBCR）的大小确定。当经济效益费用比大于或等于（EBCR≥1）时，该项目在经济上是合理的。

4. 经济换汇成本

当项目生产直接出口产品或替代进口产品时，应计算经济换汇成本，它是用影子价格、影子工资和社会折现率计算的为生产该产品而投入的国内资源现值（以人民币表示）与经济外汇净现值（通常以美元表示）之比，亦即换取 1 美元的外汇所需要的人民币（元）金额，是分析、评价项目实施后在国际上竞争能力的指标。其表达式为

$$经济换汇成本 = \frac{\sum_{t=0}^{n}DR_t(1+i_s)^{-t}}{\sum_{t=0}^{n}(FI_t - FO_t)(1+i_s)^{-t}} \tag{5-4}$$

式中 DR_t——项目在第 t 年为生产出口产品或替代进口产品所投入的国内资源（包括投资和经营成本），元；

FI_t——第 t 年的外汇流入量，美元；

FQ_t——第 t 年的外汇流出量，美元。

经济换汇成本（元/美元）小于或等于影子汇率时，表明该项目产品出口或替代进口是有竞争力的，从获得或节约外汇的角度考虑是合算的。

当项目产出只有部分外贸品（出口或替代进口）时，应将生产外贸品部分所耗费的国内资源价值从国内贸源总耗资中划出，然后用上式计算。

三、财务评价

财务评价又称财务分析，是按国家现行财税制度和价格，从财务角度对水利建设项目的费用、效益及生存能力、偿债能力、盈利能力等所作的分析评估，其目的是考察项目在财务上的可行性。

（一）水利工程财务评价的内容和特点

水利工程具有防洪（防凌）、治涝、灌溉、发电、城镇供水、乡村人畜供水、航运、水产养殖、旅游等多种功能。因此，水利工程的财务评价，应根据项目的功能特点和财务收支情况区别对待：

1. 对水力发电、供水等年财务收入大于年总成本费用的经营性项目，应根据国家现行财税制度和价格体系，在计算项目财务费用和财务效益的基础上，全面分析项目的财务生存能力、偿债能力和盈利能力，判断项目的财务可行性。

2. 对灌溉等年财务收入大于年运行费用但小于年总成本费用的准公益性项目，应

重点核算水利项目的灌溉供水成本和水费标准，进行财务生存能力分析；对使用贷款或部分贷款建设的项目需做项目偿债能力的分析，计算和分析项目的借款偿还期等。在某些情况下，可将水利项目与农业项目捆在一起，以灌溉区为单位进行财务分析与评价。

3. 对防洪、防凌、治涝等无财务收入或财务收入很少的公益性项目，主要是进行财务生存能力分析，研究提出维持项目正常运行需由国家补贴的资金数额和需采取的经济优惠措施及有关政策。

4. 对具有综合利用功能的水利建设项目，除把项目作为整体进行财务评价外，还应进行费用分摊计算，各功能分摊的费用计算出来后，再按1～3的要求分别进行财务评价。

水利建设项目的财务收入包括出售水利产品、提供服务所获得的收入以及可能获得的各种补贴或补助收入。出售水利产品的水利建设项目有水力发电、供水等；提供服务的水利建设项目有防洪、治涝等。补贴收入包括依据国家规定的补助定额计算的定额补助和属于国家财政扶持领域的其他形式补助，如各种政府补贴收入、亏损补贴、减免增值税转入等。水利建设项目的水、电产品销售收入按净供水量、上网电量及其对应价格计算。

水利建设项目的财务支出包括建设项目总投资、年运行费（经营成本）、更新改造投资、流动资金和税金等。水利建设项目总投资包括固定资产投资和建设期利息。按照水利工程设计概（估）算编制规定中项目总投资剔除价差预备费及建设期利息后即为项目静态总投资。固定资产投资中的价差预备费根据预测的物价上涨指数计算。借款利息要根据不同的资金筹措方案进行计算。其他各项费用可直接采用工程设计概（估）算中的数值。

对财务价格中的价格变动因素，在进行项目财务偿债能力分析和盈利能力分析时，需做不同处理。进行偿债能力分析时，计算期内各年采用的预测价格，是在基准年（建设期第1年）物价总水平基础上，既考虑相对价格变化，又考虑物价总水平上涨因素的价格，物价总水平上涨因素一般只考虑到建设期末。如受条件限制，财务价格中未考虑物价总水平上涨因素的，需就这一因素变动对项目偿债能力的影响进行敏感性分析。进行盈利能力分析时，计算期内各年采用的预测价格，是在基准年（建设期第1年）物价总水平基础上，只考虑相对价格变化，不考虑物价总水平上涨因素的价格。

财务评价可分为融资前分析和融资后分析。一般宜先进行融资前分析，在融资前分析结论满足要求的情况下，再进行融资后分析。融资前分析只进行盈利能力分析，编制项目财务现金流量表，计算全部投资财务内部收益率、全部投资财务净现值和全部投资投资回收期等指标，以作为投资决策与融资方案研究的依据和基础。融资后分析应在融资前分析和初步融资方案基础上，考察建设项目的财务生存能力、偿债能力和盈利能力，判断其财务可行性，也用于比选融资方案，为投资者进行融资决策提供依据。

在项目运行期间，是否能从各项经济活动中得到足够的净现金流量是项目能否持续生存的条件。财务生存分析中一般根据财务计划现金流量表考察项目计算期内各年的投资活动、融资活动和经营活动所产生的各项现金流入和流出，计算净现金流量和累计盈余资金，分析项目是否有足够的净现金流量维持正常运营。水利建设项目运营前期的还本付息负担较重，要特别注重运营前期的财务生存能力分析。公益性水利项目本身没有能力实现自身资金平衡，需政府补贴。对于有贷款的项目，需进行偿债能力分析。通过计算利息备付率和偿债备付率指标，判断项目偿债能力。

财务盈利能力分析包括动态分析（折现现金流量分析）和静态分析（非折现盈利能力分析）。融资后的动态分析包括资本金现金流量分析和投资各方现金流量分析。静态分析主要依据损益表（利润与利润分配表）、财务计划现金流量表等，计算资本金净利润率、总投资利润率等。

（二）资金来源与融资方案

水利建设项目应根据项目的性质和市场需求，分析项目可能的财务收益和所需费用，通过对资金结构、资金来源和融资条件等方面分析比选，进行多方案比较，根据财务分析结果提出合理的融资方案，为国家、地方政府和有关投资部门对项目的前期立项决策提供依据。

资金来源与融资方案应符合国家法律、政策、财务税收制度和银行信贷条件，其计算方法和主要参数按财务评价的有关规定执行。

1. 资金来源

项目的资金来源包括资本金和债务资金。水利建设项目的资本金一般为投资项目资本金，是指在项目总投资中由投资者认缴的出资额，对投资项目来说是非债务资金，项目法人不承担这部分资金的任何利息和债务，投资者可按其出资的比例依法享有所有者权益，也可转让其出资，但不得以任何方式收回。

资本金的来源可以是货币或非货币形式，水利建设项目的资本金以货币形式为主，其来源主要如下：

（1）政府投资：包括中央和地方政府的财政预算内资金、水利建设基金、国债资金及其他可用于水利建设的财政性资金等。

（2）企业资本金：包括国家授权的投资机构和企业法人的所有者权益、折旧资金及投资者按照国家规定从资金市场上筹措的资金。

（3）个人资本金：社会个人合法所有的资金。

（4）国家规定的其他可以用作投资项目资本金的资金。

债务资金包括银行贷款和债券等，其来源主要如下：

（1）国内商业银行贷款。

（2）政策性银行贷款：国家开发银行、中国进出口银行、中国农业发展银行等政策性银行。

（3）外国政府贷款。

（4）国外银行贷款：包括世界银行、亚洲开发银行、日本海外协力基金及其他国外贷款等。

（5）企业债券和融资租赁。

项目资本金与债务资金的比例应符合下列要求：

（1）符合金融机构信贷规定及债权人有关资产负债比例要求。

（2）各级政府投入的资本金一般不大于公益性功能分摊的投资。

（3）满足防范财务风险的要求。包括产品数量和价格是否能够被市场接受，项目运行初期是否具备财务生存能力和基本还贷能力，投资者权益是否达到期望要求等。

（4）以发电为主的水利建设项目的最低资本金比例为20%；以城市供水（调水）为主的水利建设项目的最低资本金比例原则上不低于35%；其他水利建设项目的资本金比例根据贷款能力测算成果和项目具体情况确定，但不得低于20%。

2. 融资方案

项目融资方案，也称资金筹措方案，需说明建设项目所需资金的不同来源和出资方、出资方式和数额及债务资金的额度与使用条件，并提供相关的证明材料与文件（包括有关的意向书、协议书、承诺函等）。

应根据项目财务收支情况确定融资方案测算范围。具有水、电等产品销售收入且财务收入大于年总成本费用的水利建设项目应进行融资方案测算；无财务收入或年财务收入小于年运行费的项目可不测算融资方案，应分析建设资金来源；年财务收入大于年运行费用但小于年总成本费用的项目，应根据财务状况酌情确定是否测算融资方案。

调查水、电产品供需情况与市场前景，以及本工程产品的市场竞争力，分析其他水源、电源对本工程的影响及不同用户对水价、电价等的承受能力。应根据费用分摊成果测算水、电产品的成本。

根据可能的水价（电价）方案、贷款期限和还款方式、工程效益发挥流程、投资收益要求等测算条件，拟定不同的融资方案，测算各方案的贷款能力和所需资本金额度。若需短期借款，应分析短期借款的年份、数额及可靠性，并满足相关规定要求。

水价（电价）方案的拟定至少应采用下述两种方法：

（1）参考近期建设的类似水利建设项目的供水（电）价格，根据地区国民经济发展水平和规划，以及水资源开发利用与电力供需状况进行预测。

（2）考虑用户的支付意愿和支付能力拟定。

（3）供、受双方协议商定水利产品价格。

（4）根据工程费用分摊成果核算水、电产品成本，按成本和投资利润要求拟定。

（5）经价格主管部门或政府有关部门核定批准的政策性价格。

对于拟申请国家投资作为资本金的项目，应测算还贷期内全部资本金均不分配利润的方案，作为项目最大贷款能力方案和融资基本方案。在此基础上，根据项目法人资本金收益要求测算其他融资方案。

拟采用多种债务资金的项目，应根据各债务资金使用条件，测算不同债务资金结构方案对项目融资能力的影响。

融资方案测算成果应包括各种测算条件和不同资本金、贷款本金和建设期利息、融资成本和主要财务指标等。融资方案测算成果按表5-5选列。

表 5-5 融资方案测算成果汇总表　　　　单位：万元

方案编号			方案 1	方案 2	方案 3	方案 4	⋯
水价方案/（元/m³）							
电价方案/（元/kW·h）							
贷款偿还期方案/年							
达产率方案/%							
应付利润方案/%							
静态总投资	资本金	政府投资					
		其他投资方 1					
		其他投资方 2					
		⋯					
		小计					
	债务资金	借款 1					
		借款 2					
		⋯					
		小计					
	合计						
	债务资金比例/%						
建设期利息							
总投资							
全部投资财务内部收益率/%							
资本金财务内部收益率/%							

在初步明确融资主体和资金来源的基础上，应对融资方案资金结构的合理性和融资风险进行综合分析，结合融资后财务分析，比选确定资金筹措方案。

为减少融资风险损失，对融资方案实施中可能存在的资金供应风险、利率风险和汇率风险等风险因素应进行分析评价，并提出防范风险的措施。

3.资金结构与财务风险

这里所说的资金结构是指投资项目所使用资金的来源及数量构成；这里的财务风险是指与资金结构有关的风险。不同来源的资金所需付出的代价（资金成本）是不同的。选择资金来源与数量不仅与项目所需要的资金量有关，而且与项目的效益有关。因此，有必要对资金结构加以分析。下面以自有资金与借款的比例说明资金结构和财务风险之间的关系。

一般来说，在有借款资金的情况下，全部投资的效果与自有资金投资的效果是不相同的。就投资利润率指标来说，全部投资的利润率一般不等于贷款利率。这两种利率差额的结果将为企业所承担，从而使自有资金利润率上升或下降。

设全部投资为 K，自有资金为 K_0，贷款为 K_L，全部投资利润率为 R，自有资金利润

率 R_0，贷款利率为 R_L，根据投资利润率公式，可有

$$K=K_0+K_L$$

$$R_0 = \frac{KR - K_LR_L}{K_0} = R + \frac{(R - R_L)K_L}{K_0} \qquad (5-5)$$

由式（5-5）可知，当 $R>R_L$ 时，$R_0>R$；当 $R<R_L$ 时，$R_0<R$；且自有资金的利润率与全部投资利润率的差别被资金构成比 K_L/K_0 所放大，这种放大效应称为财务杠杆效应。贷款与全部投资之比 K_L/K 称为债务比。

【例 5-1】某项工程有三种方案，全部投资利润率 R 分别为 8%、12% 和 15%，贷款利率为 12%，试比较债务比为 0（不借债）、0.4 和 0.8 时的自有资金利润率。

解：全部投资由自有资金和贷款构成，因此，若 $K_L/K=0.5$，则 $K_L/K_0=1$ 其余类推。利用式（5-5）对三种方案分别进行计算，计算结果列于表 5-6。

从表 5-6 中可以看出，当 $R<R_L$ 时，债务比越大，R_0 越低，甚至为负值；当 $R=R_L$ 时，R_0 不随债务比改变；当 $R>R_L$ 时，债务比越大，R_0 越高。出现这种情况的原因是企业对债务的财务负担是固定的，并不因企业经营状况的好坏而改变。对于方案一，$R>R_L$，借贷资金的贡献小于其成本，不得不把一部分自有资金的盈利用于支付利息；对于方案二，$R=R_L$，借贷资金对项目的贡献恰好等于其成本；对于方案三，$R<R_L$，借贷资金的贡献大于其成本，其超过成本的贡献都归到自有资金名下，从而放大了自有资金的利润率。

表 5-6 不同债务比下的自有资金利润率

债务比方案	$K_L/K=0$ ($K_L/K_0=0$)	$K_L/K=0.5$ ($K_L/K_0=1$)	$K_L/K=0.8$ ($K_L/K_0=4$)
方案一 （R=8%）	8%	4%	−8%
方案二 （R=12%）	12%	12%	12%
方案三 （R=15%）	15%	18%	27%

假设投资在 20 万～100 万元范围内，上述三个方案的投资利润率不变，贷款利率为 12%，若企业拥有自有资金 20 万元，现在来分析该企业在以上三种情况下如何选择投资构成。

对于方案一，如果全部投资为自有资金 20 万元，则企业每年可得利润 1.6 万元；如果除自有资金 20 万元以外贷款 20 万元，则可得总利润 3.2 万元，在贷款偿还之前，每年要付息 2.4 万元，企业获利 0.8 万元；如果除自有资金 20 万元以外贷款 80 万元，则可得总利润 8 万元，每年应付利息 9.6 万元，企业则亏损 1.6 万元。显然，这种情况下，企业不宜贷款，贷款越多，损失越大。

对于方案二，贷款多少对企业的利益没有影响。

对于方案三，如果仅用自有资金 20 万元投资，企业每年获利为 3.0 万元，如果贷款 20 万元，则在偿付利息后，企业可获利 3.6 万元；如果贷款 80 万元，在付息后企业

获利可达到5.4万元。在这种情况下，企业有贷款比无贷款有利，贷款越多越有利。

由上面的分析可见，资金结构对企业的利益会产生很大影响。因此，选择合适的资金结构，是提高企业盈利能力的一个重要措施。

以上是在项目投资效益具有确定性时的情形。当项目的效益不确定时，选择不同的资金结构，所产生的风险是不同的，在上例中，若项目的利润率估计在8%～15%之间，企业如果选择自有资金和贷款各半的结构，企业利润将在0.8万～3.6万元之间；如果企业选择自有资金占20%、贷款占80%的结构，企业利润将在1.6万～5.4万元之间。由此可见，使用贷款，企业将承担风险。贷款比例越大，风险也越大；相应地，企业获得更高利润的机会也越大。企业需要权衡风险与收益的关系进行决策。采用风险分析方法对项目本身和资金结构作进一步的分析，有利于企业选出最佳决策方案。

从资金借给者的角度来看，为减少资金投放风险，常常拒绝过高的贷款比例。企业在计划投资时，必须与金融机构协商借款比例和数量。

（三）基本财务报表编制

水利建设项目财务评价应视项目性质按表5-7～表5-13编制项目投资现金流量表、项目资本金现金流量表、投资各方现金流量表、损益表（利润与利润分配表）、财务计划现金流量表、资产负债表、借款还本付息计划表等基本报表。

水利建设项目财务报表还应按表5-14和表5-15编制项目投资计划与资金筹措和总成本费用估算表等辅助报表。

属于社会公益性质或财务收入很少的水利建设项目财务报表可适当减少。

表5-7为项目投资现金流量表（全部投资），该表是从项目自身角度出发，不区分投资的资金来源，以项目全部投资作为计算基础，考核项目全部投资的盈利能力，为项目各个投资方案进行比较建立共同基础，供项目决策研究。

表5-7 项目全部投资现金流量表　　单位：万元

项目	计算期/年份								合计
	建设期			运行期					
	1	2	…	…	…	…	n－1	n	
1. 现金流入									
1.1 销售收入									
1.2 提供服务收入									
1.3 补贴收入									
1.4 回收固定资产余值									
1.5 回收流动资金									
2. 现金流出									
2.1 固定资产投资									
2.2 流动资金									
2.3 年运行费									

项目	计算期/年份								合计
	建设期			运行期					
	1	2	…	…	…	…	n－1	n	
2.4 销售税金及附加									
2.5 更新改造投资									
3. 所得税前净现金流量（1－2）									
4. 累计所得税前净现金流量									
5. 调整所得税									
6. 所得税后净现金流量（3－5）									
7. 累计所得税后净现金流量									

计算指标： 所得税前 所得税后

全部投资财务内部收益率/%：

全部投资财务净现值（$i_c=$　%）：

全部投资回收期/年：

注：本表假定全部投资均为自有资金，考察全部投资的盈利能力。

表5-8为资本金现金流量表（涉及外汇收支的项目为国内投资），该表是从项目投资者的角度出发，以投资者的出资额作为基础，进行息税后分析。将各年投入的项目资本金、各年缴付的所得税和借款本金偿还、利息支付作为现金流出，考核项目资本金的盈利能力，供项目投资者决策研究。

表5-9为投资各方现金流量表，一般情况下，投资各方按股本比例分配利润和分担亏损及风险，因此投资各方利益一般是均等的，没有必要计算投资各方的内部收益率。只有投资各方有股权以外的不对等的利益分配时，才需计算投资各方的内部收益率。

表5-8 资本金现金流量表　　　　单位：万元

项目	计算期/年份							合计
	建设期			运行期				
	1	2	…	…		…	n－1	n
1. 现金流入								
1.1 销售收入								
1.2 提供服务收入								
1.3 补贴收入								
1.4 回收固定资产余值								
1.5 回收流动资金								
2. 现金流出								
2.1 项目资本金								
2.2 长期借款本金偿还								

项目	计算期/年份								合计
	建设期			运行期					
	1	2	...	...		...	n－1	n	
2.3 短期借款本金偿还									
2.4 长期借款利息支付									
2.5 短期借款利息支付									
2.6 年运行费									
2.7 销售税金及附加									
2.8 所得税									
2.9 更新改造投资									
3. 净现金流量（1－2）									
计算指标：									
资本金财务内部收益率/%：									

注：本表以自有资金（资本金）为计算基础，考察自有资金的盈利能力。

表5-9 投资各方现金流量表　　　　　单位：万元

项目	计算期/年份								合计
	建设期			运行期					
	1	2	...	...	...		n－1	n	
1. 现金流入									
1.1 实分利润									
1.2 资产处置收益分配									
1.3 租赁费收入									
1.4 技术转让或使用收入									
1.5 其他现金流入									
2. 现金流出									
2.1 实际出资额									
2.2 租赁资产支出									
2.3 其他现金流出									
3. 净现金流量（1-2）									
计算指标：									
投资各方财产内部收益率/%：									

表5-10为损益表，反映项目计算期内各年营业收入、总成本费用、利润总额等情况，以及所得税和税后利润的分配，用于计算总投资收益率、项目资本金净利润率等指标。

表 5-10 损益表

项目	计算期/年份								合计
	建设期			运行期					
	1	2	…	…	…	…	n－1	n	
供水量/万 m³									
供水水价/（元/m³）									
上网电量/（亿 kW·h）									
上网电价/［元/（kW·h）］									
1. 销售收入									
1.1 供水收入									
1.2 发电收入									
1.3 其他收入									
2. 补贴收入									
3. 销售税金及附加									
4. 总成本费用									
5. 利润总额（1+2－3－4）									
6. 弥补前年度亏损									
7. 应纳税所得额（5－6）									
8. 所得税									
9. 税后利润（5－8）									
10. 期初未分配利润									
11. 可供分配的利润（9+10）									
12. 提取法定盈余公积金									
13. 可分配利润（11－12）									
14. 各投资方应付利润：									
其中：××方									
××方									
15. 未分配利润（13－14）									
16. 息税前利润（利润总额+利息支出）									
17. 息税折旧摊销前利润（息税前利润+折旧+摊销）									

注：法定盈余公积金按净利润计提。

表 5-11 为财务计划现金流量表。反映项目计算期各年的投资、融资及经营活动的现金流入和流出，用于计算累计盈余资金，分析项目的财务生存能力。

表5-11 财务计划现金流量表 单位：万元

项目	计算				期/年份				合计
	建设期			运行期					
	1	2	···	···	···	···	W—1	n	
1. 经营活动净现金流量（1.1—1.2）									
1.1 现金收入									
1.1.1 销售收入									
1.1.2 增值税销项税额									
1.1.3 补贴收入									
1.1.4 其他流入									
1.2 现金流出									
1.2.1 年运行费（经营成本）									
1.2.2 增值税进项税额									
1.2.3 销售税金及附加									
1.2.4 增值税									
1.2.5 所得税									
1.2.6 其他流出									
2. 投资活动净现金流量（2.1—2.2）									
2.1 现金流入									
2.2 现金流出									
2.2.1 固定资产投资									
2.2.2 更新改造投资									
2.2.3 流动资金									
2.2.4 其他流出									
3. 筹集活动净现金流量（3.1—3.2）									
3.1 现金流入									
3.1.1 项目资本金投入									
3.1.2 项目投资借款									
3.1.3 短期借款									
3.1.4 债券									
3.1.5 流动资金借款									
3.1.6 其他流入									
3.2 现金流出									
3.2.1 长期借款本金偿还									

项目	计算期/年份								合计
	建设期			运行期					
	1	2	…	…	…	…	W—1	n	
3.2.2短期借款本金偿还									
3.2.3债券偿还									
3.2.4流动资金借款本金偿还									
3.2.5长期借款利息支出									
3.2.6短期借款利息支出									
3.2.7流动资金利息支出									
3.2.8应付利润（股利分配）									
3.2.9其他流出									
4. 净现金流量（1+2+3）									
5. 累计盈余资金									

表 5-12 为资产负债表，综合反映水利项目在计算期内各年末资产、负债和所有者权益的增值或变化及对应关系，以便考察项目资产、负债、所有者权益的结构情况，用以计算资产负债率等指标，进行清偿能力分析。

表 5-12 资产负债表　　　　　　　　　　　单位：万元

项目	计算期/年份								合计
	建设期			运行期					
	1	2	…	…	…	…	n-1	n	
1. 资产									
1.1 流动资产总额									
1.1.1 货币资金									
1.1.2 应收账款									
1.1.3 预付账款									
1.1.4 存货									
1.1.5 其他									
1.2 在建工程									
1.3 固定资产净值									
1.4 无形及递延资产净值									
2. 负债及所有者权益（2.4+2.5）									
2.1 流动负债总额									
2.1.1 短期借款									

项目	计算期/年份								合计
	建设期			运行期					
	1	2	…	…	…	…	n−1	n	
2.1.2应付账款									
2.1.3预收账款									
2.1.4其他									
2.2项目投资借款									
2.3流动资金借款									
2.4负债小计（2.1+2.2+2.3）									
2.5所有者权益									
2.5.1资本金									
2.5.2资本公积金									
2.5.3累计盈余公积金									
2.5.4累计未分配利润									
计算指标： 资产负债率/%									

表5-13为借款还本付息计划表，综合反映项目计算期内各年借款额、借款本金及利息偿还额、还款资金来源，并计算利息备付率及偿债备付率等指标，进行项目偿债能力分析。

表5-13 借款还本付息计划表

项目	计算期/年份								合计
	建设期			运行期					
	1	2	…	…	…	…	n−1	n	
1.借款及还本利息									
1.1年初借款本息累计									
1.1.1本金									
1.1.2利息									
1.2本年借款									
1.3本年应计利息									
1.4本年还本									
1.5本年付息									
2.还款资金来源									
2.1未分配利润									
2.2折旧费									

项目	计算期/年份							合计
	建设期		运行期					
	1	2		…	…	…	n−1	n	
2.3 摊销费								
2.4 其他资金								
2.5 计入成本的利息支出								

注：计算指标：利息备付率1%；偿债备付率

表5-14为项目投资计划与资金筹措表，明细列出各年投资计划和资金来源。

表5-14 项目投资计划与资金筹措表

项目	建设期/年份					
	1	2	3	…	n	合计
1. 总投资						
1.1 固定资产投资						
1.2 建设期利息						
2. 流动资金						
3. 资金筹措						
3.1 资本金						
3.1.1 用于固定资产投资						
××方						
……						
3.1.2 用于流动资金						
××方						
……						
3.1.3 其他资金						
3.2 债务资金						
3.2.1 用于固定资产投资						
××借款						
××债券						
……						
3.2.2 用于建设期利息						
××借款						
××债券						
……						
3.2.3 用于流动资金						

项目	建设期/年份					
	1	2	3	…	n	合计
××借款						
××债券						
3.3其他资金						
……						

表5-15为总成本费用估算表，明细反映出总成本的各项组成。为便于计算经营成本，表中须列出各年折旧费、摊销额、借款利息额。

表5-15 总成本费用估算表

项目	计算期/年份								合计
	建设期			运行期					
	1	2	…	…	…	…	n−1	n	
1.年运行费									
1.1材料费									
1.2燃料及动力费									
1.3修理费									
1.4职工薪酬									
1.5管理费									
1.6库区资金									
1.7水资源费									
1.8其他费用									
1.9固定资产保险费									
2.折旧费									
3.摊销费									
4.财务费用									
4.1长期借款利息									
4.2短期借款利息									
4.3流动资金借款利息									
4.4其他财务费用									
5.总成本费用（1+2+3+4）									
5.1固定成本									
5.2可变成本									

上述9张财务评价报表可以根据水利建设项目的功能情况增减，如涉及外汇收支的项目应增加财务外汇平衡表；属于社会公益性质或财务收入很少的水利建设项目，

财务报表可适当减少。

（四）财务评价指标

水利建设项目的财务评价包括盈利能力分析、偿债能力分析和财务生存能力分析。

水利建设项目财务评价指标包括全部投资财务内部收益率、资本金财务内部收益率、投资各方财务内部收益率、财务净现值、投资回收期、总投资利润率、项目资本金利润率、利息备付率、偿债备付率和资产负债率。

财务评价指标根据财务报表计算。下面介绍主要财务评价指标的计算方法。

1. 盈利能力分析

盈利能力分析的指标应在项目现金流量表、资本金现金流量表和投资各方现金流量表的基础上，计算项目全部投资财务净现值和财务内部收益率、项目资本金财务内部收益率、投资各方财务内部收益率、投资回收期、总投资利润率和项目资本金净利润率。

（1）财务净现值（FNPV）。财务净现值是指按行业基准收益率或设定的折现率（i_c），将项目计算期内各年净现金流量折现到建设期初的现值之和。它是考察项目在计算期内盈利能力的主要动态评价指标。其表达式为

$$FNPV = \sum_{t=0}^{n}(CI_t - CO_t)(1+i_c)^{-t} \tag{5-6}$$

式中 CI_t——第 t 年现金流入量；

CO_t——第 t 年现金流出量；

i_c——财务基准收益率；

n——计算期。

财务净现值可根据财务现金流量表计算。财务净现值 FNPV ≥ 0 时，项目在财务上是可行的。

（2）财务内部收益率（FIRR）。财务内部收益率是指项目在整个计算期内各年净现金流量值累计等于零时的折现率，它反映项目所占用资金的盈利率，也是考察项目盈利能力的主要动态评价指标。其表达式为

$$\sum_{t=0}^{n}(CI_t - CO_t)(1+FIRR)^{-t} = 0 \tag{5-7}$$

式中符号意义同前。

财务内部收益率可根据财务现金流量表中的净现金流量用试算法计算求得。当项目财务内部收益率大于或等于行业基准收益率或设定的折现率 i_c 时，即认为其盈利能力已满足最低要求，在财务上是可以考虑接受的。

（3）投资回收期（P_t）。投资回收期是考察项目在财务上的投资回收能力的主要静态指标，是指以项目的净收益抵偿全部投资所需的时间。投资回收期（以年表示）一般从建设开始年算起，如果从投产年算起，应予说明。其表达式为

$$\sum_{P_t=0}^{n}(CI_t - CO_t) = 0 \tag{5-8}$$

式中符号意义同前。

投资回收期可根据财务现金流量表（全部投资）中累计净现金流量计算求得。计算公式为

$$P_t = \left(\begin{array}{c} \text{累计净现金流量} \\ \text{开始出现了正值年份数} \end{array} \right) - 1 + \frac{\text{上年累计净现金流量绝对值}}{\text{当年净现金流量}} \tag{5-9}$$

若 $P_t \geqslant$ 标准投资回收期（P_b），表明项目投资能在规定的时间内收回。

（4）总投资利润率（ROI）。总投资利润率表示总投资的盈利水平，应以项目达到设计能力后正常年份的年息税前利润或运营期内年平均息税前利润（EBIT）与项目总投资（TI）的比率表示。其表达式为

$$ROT = \frac{EBIT}{TI} \times 100\% \tag{5-10}$$

式中 EBIT——项目达到设计能力后，正常年份的年息税前利润或运营期内年平均息税前利润；

TI——项目总投资。

（5）资本金净利润率（ROE）。资本金净利润率表示项目资本金的盈利水平，应以项目达到设计能力后正常年份的年净利润或运营期内年平均净利润（NP）与项目资本金（EC）的比率表示。其表达式为

$$ROE = \frac{NP}{EC} \times 100\% \tag{5-11}$$

式中 NP——项目达到设计能力后，正常年份的年净利润或运营期内年平均净利润；

EC——项目资本金。

项目资本金净利润率高于同行业的净利润率参考值，表明用项目资本金净利润率表示的盈利能力满足要求。

2. 偿债能力分析

偿债能力分析应在损益表（利润与利润分配表）、借款偿还计划表和资产负债表的基础上，计算利息备付率（ICR）、偿债备付率（CSCR）和资产负债率（LOAR）等指标，以分析判项目在计算期各年的偿债能力。

（1）利息备付率（ICR）应以在借款偿还期内各年的息税前利润（EBIT）与该年应付利息（PI）的比值表示，其表达式为

$$ICR = \frac{EBIT}{PI} \tag{5-12}$$

式中 EBIT——息税前利润；

PI——计入总成本费用的应付利息。

利息备付率应大于1，并结合债权人的要求确定。

（2）偿债备付率（CSCR）应以借款偿还期内各年用于计算还本付息的资金（EBIT-CA-T_{ax}）与该年应还本付息金额（PC）的比值表示，其表达式为

$$CSCR = \frac{EBITCA - T_{ax}}{PC} \tag{5-13}$$

式中 EBITCA——息税前利润加折旧和摊销；

T_{ax}——企业所得税；

PC——应还本付息金额，包括还本金额和计入总成本费用的全部利息。融资租赁费用可视同借款偿还。运营期内的短期借款本息也应纳入计算。

如果项目在运行期内有维持运营的投资，可用于还本付息的资金应扣除维持运营的投资。偿债备付率应大于1，并结合债权人的要求确定。

资产负债率应以项目负债总额对资产总额的比率表示，其表达式为

$$LOAR = \frac{TL}{TA} \times 100\% \tag{5-14}$$

式中 TL——期末负债总额；

TA——期末资产总额。

在长期债务还清后，不再计算资产负债率。

3. 财务生存能力分析

财务生存能力分析也可称为资金平衡分析，应在财务分析辅助表和损益表（利润与利润分配表）的基础上编制财务计划现金流量表，考察计算期内的投资、融资和经营活动所产生的各项现金流入和流出，计算净现金量和累计盈余资金，分析项目是否有足够的净现金流量维持正常运营，以及各年累计盈余资金是否出现负值。若累计盈余资金出现负值，应进行短期借款，并分析该短期借款的年份（不超过5年）、数额和可靠性。

四、不确定性分析与风险分析

（一）不确定性分析（Uncertainty Analysis）

经济评价中所采用的数据绝大多数来自于测算和估算，因此具有一定的不确定性。分析这些不确定因素对经济评价指标的影响，考察经济评价结果的可靠程度，称为不确定性分析。对项目经济评价进行不确定性分析的主要目的有两个：一是预测经济评价指标发生变化的范围，分析工程获得预期效果的风险程度，为工程项目决策提供依据；二是找出对工程经济效果指标具有较大影响的因素，以便在工程的规划、设计、施工中采取适当的措施，把它们的影响限制到最小限度。

不确定性分析一般包括敏感性分析、盈亏平衡分析。盈亏平衡分析只用于财务评价，敏感性分析可同时用于财务评价和国民经济评价。对于有财务效益的重要水电项目进行财务的盈亏平衡分析。对于特别重要的水利建设项目，应进行风险分析。

1. 敏感性分析（Sensitivity Analysis）

敏感性分析旨在研究和预测项目主要因素发生浮动时对经济评价指标的影响，分析最敏感的因素和对评价指标的影响程度。它是不确定性分析中最常用、最基本的一项分析。

敏感性分析是根据项目特点，分析、测算固定资产投资、效益、主要投入物的价格、产出物的产量和价格、建设期年限及汇率等主要因素，一项指标浮动或多项指标同时浮动对主要经济评价指标的影响。并据此找出最为敏感的因素，再进行必要的补

充研究，以便验证计算结果的可靠性和合理性。

必要时可计算敏感度系数和临界点，找出敏感因素。

敏感度系数（SAF）以项目评价指标变化率与不确定性因素变化率之比表示，按式（5-15）计算。

$$S_{AF} = \frac{\Delta A/A}{\Delta F/F} \tag{5-15}$$

式中 S_{AF} ——评价指标A对于不确定性因素F的敏感度系数；

$\Delta F/F$ ——不确定因素F的变化率；

$\Delta A/A$ ——不确定因素F发生 ΔF 变化时，评价指标A的相应变化率。

临界点应以不确定因素使内部收益率等于基准收益率或净现值等于零时，相对基本方案的变化率或其对应的具体数值表示。

敏感性分析的计算结果，应列表分析或采用敏感性分析图表示。对最敏感的因素，应研究提出减少其浮动的措施。

水利建设项目敏感性分析一般计算步骤如下：

（1）选择不确定因素（Sensitivity Indicator）

影响投资方案经济效果的不确定因素很多，严格地说，凡影响方案经济效果的因素在某种程度上都带有不确定性。在实际应用中一般视项目具体情况，按可能发生且对经济评价产生较大不利影响的方式来进行选择。

水利建设项目计算期内可能发生浮动的风险因素很多，项目国民经济评价与财务评价的风险因素可归纳为六类。

①项目收益风险：产出品的数量与预测价格；

②投资风险：土建工程量、设备选型与数量、土地征用和拆迁安置费、人工、材料价格、机械使用费及取费标准等；

③融资风险：资金来源、供应量与供应时间等；

④建设期风险：工期延长；

⑤运行成本风险：投入的各种原料、材料、燃料、动力的需求量与预测价格、劳动力工资、各种管理取费标准等；

⑥政策风险：税率、利率、汇率及通货膨胀率等。

由于水利工程效益的随机性大，因而工程效益的变化除考虑一般变化幅度外，还要考虑大洪水年或连续枯水年出现时对防洪、发电、供水等效益的影响程度。

（2）确定各因素的变化幅度及其增量

进行敏感性分析时，可就计算期内主要因素中一项指标单独发生浮动或多项指标同时发生浮动对经济评价指标的影响和其敏感程度进行分析。选取哪些浮动因素，可根据项目的具体情况，按最可能发生、对经济评价较为不利的原则分析确定。主要因素浮动的幅度，可根据项目的具体情况确定，也可参照下列变化幅度选用：

①固定资产投资：+10%～+20%。

②效益：−10%～−20%。

③建设期年限：增加或减少1～2年。

④利率：提高或降低1～2个百分点。

3. 选定进行敏感性分析的评价指标

由于敏感性分析是在确定性分析的基础上进行的，一般可只在确定性分析所使用的指标内选用。经济评价指标较多，没有必要全部进行敏感性分析，一般可只对主要经济评价指标，如国民经济评价中的经济净现值（ENPV）和经济内部收益率（EIRR），财务评价中的财务净现值（FNPV）、财务内部收益率（FIRR）、投资回收期（P_t）等进行分析，应根据项目需要研究确定。

（4）计算某种因素浮动对项目经济评价指标的影响和其敏感程度

在算出基本情况时的经济评价指标的基础上，按选定的因素和浮动幅度计算其相应的评价指标，同时将所得到的结果绘成图表，以利分析研究和决策。

依据每次变动因素的数目多寡，敏感性分析可分为单因素敏感性分析和多因素敏感性分析。变动一个因素，其他因素不变条件下的敏感性分析，叫做单因素敏感性分析；变动两个以上因素的敏感性分析，叫做多因素敏感性分析。

敏感因素的变化可以用相对值或绝对值表示。相对值是使每个因素都从其原始取值变动一个幅度，例如±10%，±20%，…，计算每次变动对经济评价指标的影响，根据不同因素相对变化对经济评价指标影响的大小，可以得到各个因素的敏感性程度排序。用绝对值表示的因素变化可以得到同样的结果，这种敏感性程度排序可用列表或作图的方式来表述。

2. 盈亏平衡分析（Break-Even Analysis）

各种不确定因素的变化会影响投资方案的经济效果，当这些因素的变化达到其一临界值时，就会影响方案的取舍。盈亏平衡分析的目的就是要找出这种临界值，判断投资方案对不确定因素变化的承受能力。具体来说就是研究在一定市场条件下，通过计算项目正常运行年份的盈亏平衡点（Break Even Point，BEP），分析项目收入与成本的平衡关系。

（1）销售收入、生产成本与产品产量的关系

项目的销售收入与产品销售量（如果按销售量组织生产，产品销售量等于产品产量）的关系有两种情况，第一种情况：该项目的生产销售活动不会明显地影响市场供求状况。假定其他市场条件不变，产品价格不会随着该项目的销售量的变化而变化，可以看作是一个常数。销售收入与销售量是线性关系。即

$$B = PQ \qquad (5\text{-}16)$$

式中 B——销售收入；

P——单位产品价格；

Q——产品销售量。

第二种情况：该项目的生产销售活动将明显地影响市场供求状况，随着该项目产品销售量的增加，产品价格有所下降，这时销售收入与销售量之间不再是线性关系，对应于销售量 Q，销售收入为

$$B = \int_0^{Q_0} PQ dQ \qquad (5\text{-}17)$$

项目投产后，生产成本可以分为固定成本与可变成本两部分。固定成本主要包括工资（计件工资除外）、折旧费、无形资产及其他资产摊销费、修理费和其他费用等。

为简化计算，财务费用一般也作为固定成本。可变成本主要包括材料费、燃料动力费、包装费、计件工资、水资源费等。可变成本总额中的大部分与产品产量成正比例关系。也有一部分可变成本与产品产量不成正比例关系，如与生产批量有关的某些消耗性材料费、模具费及运输费等。通常称这部分可变成本为半可变成本，一般可以近似地认为它也随产量成正比例变动。

总成本是固定成本与可变成本之和，它与产品产量的关系也可以近似地认为是线性关系，即

$$C = C_f + C_v Q \tag{5-18}$$

式中 C——生产成本；

C_f——固定成本；

C_v——单位产品可变成本。

（2）盈亏平衡点及其确定

盈亏平衡点应以正常年份的产量或者销售量、固定成本、可变成本、产品价格和销售税金及附加等数据计算。正常年份应选择还款期间的第一个达产年和还款后的年份分别计算。

将式（5-16）与式（5-18）在同一坐标图上表示出来，可以构成线性量-本-利分析图（图5-1）。

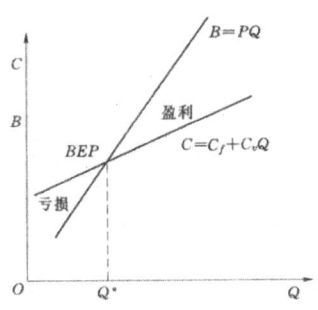

图5-1 量-本-利分析图

图5-1中纵坐标表示销售收入与产品成本，横坐标表示产品产量。销售收入线B与总成本线C的交点称盈亏平衡点，也就是项目盈利与亏损的临界点。在BEP的左边，总成本大于销售收入，项目亏损；在BEP的右边，销售收入大于总成本，项目盈利；在BEP点上，项目不亏不盈。

根据上图，盈亏平衡点也可以用产品产量、产品销售价格、生产能力利用率、单位产品变动成本等表示。在盈亏平衡点，销售收入B等于总成本C。即

$$PQ = C_f + C_v Q \tag{5-19}$$

盈亏平衡产量：

$$Q^* = C_f / (P - C_v)$$

若按设计能力进行生产和销售，则盈亏平衡价格：

$$P^* = C_f / Q + C_v$$

若项目生产能力为 Q_0，则盈亏平衡生产能力利用率：

$$E^* = Q^* / Q_0 \times 100\%$$

若按设计能力进行生产和销售，则盈亏平衡单位产品变动成本：

$$C_v^* = P - C_f/Q_0$$

通过计算盈亏平衡点，结合市场预测，可以对项目发生亏损的可能性做出大概的判断。

（二）风险分析（Risk Analysis）

经济风险分析可通过识别风险因素，采用定性与定量结合的方法，估计风险因素发生的可能性及对项目影响程度，评价风险程度并揭示影响项目的关键风险因素，提出相应对策。对于特别重要的水利建设项目，应进行经济风险分析。

1. 风险识别（Risk Recognition）

风险识别应根据项目的特点选用适当的方法，识辨影响项目的主要风险因素，建立项目风险因素的层次结构图，判断各因素间的相关性与独立性。

不确定分析找出的敏感性因素可以作为风险因素识别和风险估计的依据。

2. 风险估计（Risk Measurement）

风险估计是在风险识别之后，估算风险事件发生的概率及其后果的严重程度，通过定量分析的方法测定风险发生的可能性及对项目的影响程度。

风险估计应采用主观概率和客观概率的统计方法，确定风险因素的变化区间及概率分布，计算项目评价指标的概率分布、期望值及标准差。客观统计数值（如水位、流量等）出现的概率称为客观概率，人为预测和估计数值的概率称为主观概率。水利建设项目风险分析前期的风险估计主要是主观估计。

3. 风险评价（Risk Evaluation）

风险评价应根据风险识别和风险估计的结果，依据项目风险判别标准，找出影响项目成败的关键风险因素。应根据风险评价的结果，研究规避、控制与防范风险的应对措施，为项目全过程风险管理提供依据。

风险评价的判别标准可以采用以经济指标的累计概率或标准差为判别标准。

根据项目特点及评价要求，水利建设项目经济风险分析可区别以下3种情况进行：

（1）经济风险和财务风险分析可直接在敏感性分析的基础上，确定各变量的变化区间及概率分布，计算项目净现值的概率分布、期望值及标准差，并根据计算结果进行风险评估。

（2）对于特别重大的水利建设项目，需要进行专题风险分析时，风险分析应按风险识别→风险估计→风险评价→风险应对的步骤进行。

（3）在定量经济风险分析有困难时，可对风险采用定性分析。

考虑到对不确定性因素出现的概率进行预测和估算难度较大，各地又缺乏这方面的经验。为此，对一般大、中型水利建设项目，只要求采用简单的风险分析方法，就净现值的期望值和净现值大于或等于零时的累计概率进行研究，并允许根据经验设定不确定因素的概率分布，这样可使计算大为简化。对特别重要的大型水利建设项目，则应根据决策需要进行较完善的风险分析。在定量经济风险分析有困难时，可对风险采用定性的分析，简单的经济风险分析方法的计算步骤如下：

（1）选定影响项目经济评价指标的主要风险因素。

（2）拟定各风险因素可能出现的各种情况。

（3）分析确定或根据经验设定各风险因素出现各种情况的概率。

（4）计算各种可能情况的净现值及其概率，并计算项目净现值的期望值。

（5）计算项目净现值大于或等于零的累计概率，并绘制累计概率曲线图。

4. 风险分析方法（Risk Analysis Method）

风险分析方法很多，有定性分析，也有定量分析，其中定性分析方法有专家调查法、层次分析法等，定量分析方法主要包括概率分析和模特卡罗模拟法。本书主要介绍概率分析（Probability Analysis）。

概率分析是指运用概率与数理统计理论研究计算各种风险因素的变动情况，确定他们的概率分布、期望值以及标准差，进而估计对项目经济效益影响程度的一种定量分析方法。概率分析一般计算项目的净现值的期望值以及净现值大于或等于零的累计概率，累计概率越大，说明项目承担的风险越小。概率分析中运用的主要参数是期望值和标准差。

（1）期望值（均值）

期望值也称数学期望值，它是随机事件的各种变化量与相应概率的加权平均值。期望值代表了不确定因素在实际中最可能出现的值。离散型随机变量及连续型随机变量期望值的计算公式是不一样的。离散型随机变量是指发生的可能变化为有限次数，并且每次发生的概率值为确定的随机变量。项目净现值的期望值计算公式为

$$E(NPV) = \sum_{i=1}^{m} NPV_i P_i \tag{5-20}$$

式中　E（NPV）——项目净现值的期望值；

m——随机变量个数；

i——随机变量的序号，i=1，2，…，m；

NPV_i——第 i 个净现值可能出现的离散值；

P_i——对应于 NPV_i 的概率值。

如果已知净现金流量中每个时间点的现金流量期望值为 $E(X_t)$，则项目的净现值期望为

$$E(NPV) = \sum_{i=0}^{m} E(X_t)(1+i_0)^{-t} \tag{5-21}$$

式中　i_0——项目折现利率；

n——项目计算期；

t——项目计算期的序号，t=0，1，2，…，n。

（2）标准差（均方差）

标准差就是能够表示数学期望值与实际值的偏差程度的一个概念，有时也叫均方差。净现值的标准差 σ 可定义为

$$\sigma(NPV) = \sqrt{D(NPV)} \tag{5-22}$$

$$D(NPV) = \sum_{i=1}^{m} [NPV_i - E(NPV)]2P_i \tag{5-23}$$

式中　σ（NPV）——净现值的标准差；

D（NPV）——净现值的方差。

标准差指标越小，说明实际发生的可能情况与期望值越接近，期望值的稳定性也越高，项目风险就小，反之亦然。因此，一个好的项目应该具有较高的期望值和较小的标准差。

五、改、扩建项目经济评价

改、扩建项目是指改建、扩建、技术改造、迁建、停车复建和更新改造的水利建设项目，不包括更换旧设施（设备）或重建的项目。由于改、扩建项目与现有工程设施存在着既相对独立又互相依存的特殊关系，为此，评价时需认真搜索现有技术经济资料和数据，并在此基础上分析计算期内费用和效益的变化趋势，预测无该项目时有关资料和数据。现有技术经济资料和数据主要包括：现有工程设施的固定资产原值、固定资产净值、年运行费、流动资金和效益等。现有工程设施的年运行费、流动资金和效益，一般可采用改、扩建前一年的数值，如该年无代表性，可另选其他年份或采用近几年的平均值。

（一）改、扩建项目的特点

改、扩建项目一般是在老的建设项目基础上的增容扩建和改建，不可避免地与老企业发生种种联系，以水利工程改、扩建项目为例，与新建项目相比，改、扩建项目具有以下主要特点。

1. 与老企业的密切相关性

水利工程改、扩建项目一般在不同程度上利用了已建工程的部分设施，如拦水坝等，以增加装机容量和电量。同时，新增投资、新增资产与原有投资和资产相结合而发挥新的作用。由于改、扩建项目与老企业各方面密切相关，因此，项目与老企业的若干部门之间不易划清界限。

2. 效益和费用的显著增量性

改、扩建项目是在已有的大坝电站、厂房设备、人员、技术基础上，进行追加投资（增量投资），从而获得增量效益。一般来说，追加投资的经济效果应比新建项目更为经济，因此，改、扩建项目的着眼点应该是增量投资经济效果。

3. 改、扩建项目目标和规模的多样性

改、扩建项目的目标不同，实施方法各异，其效益和费用的表现形式则千差万别。其效益可能表现为以下一个方面或者几个方面的综合：

（1）增加产量，如水利工程改、扩建项目表现为增加发电量、增加装机容量、增加水库库容、增加供水量等。

（2）扩大用途，如因库容扩大而增加养殖、防洪、灌溉、供水等效益。

（3）提高质量，如提高水库的调节性能，增发保证电量和调峰电量，提高供电、供水的可靠性。

（4）降低能耗，如提高机组效率，降低水头损失，降低输电线路损失、变电损失等。

（5）合理利用资源，如充分利用水力资源，扩大季节性电能的利用等。

（6）提高技术装备水平、改善劳动条件或减轻劳动强度，如增加自动化装置，采用遥控遥测、遥调设备和设施，减少值班人员，减轻劳动强度，节省劳动力和改善工作环境等。

（7）保护环境，如保护水环境、保持生态平衡、增加旅游景点和旅游效益等。

改、扩建项目的费用不仅包括新增固定资产投资和流动资金、新增运行费用，还包括由于改、扩建项目带来的停产或减产损失和原有设施的拆除费用。

4.经济计算的复杂性

改、扩建项目的经济计算原则上采用有无对比法。无项目是指不建该项目时的方案，它考虑在没有该项目情况下整个计算期项目可能发生的情况。采用有无对比法计算项目的效益和费用，实际就是计算项目的增量效益和费用。由于改、扩建项目目标的多样性和项目实施的复杂性，这使得经济计算和评价变得较为复杂，特别是增量效益的计算更加复杂。

（二）增量效益和费用的识别与计算

1.增量效益的识别与计算

改、扩建项目的增量效益（Incremental Benefit）可能来自增加产量、扩大用途、提高质量，也可能来自降低能耗、合理利用资源、提高技术装备水平等一个或者几个方面的综合，这给增量效益的识别与计算带来较大困难，通常是将有项目的总效益减去无项目的总效益即为增量效益，以避免漏算或重复计算。

2.增量费用的识别与计算

增量费用（Incremental Cost）包括新增投资、新增经营费用，还包括由于改、扩建该项目可能带来的停产或减产损失，以及原有设施拆除费用等。

（1）沉没费用。沉没费用在改、扩建项目经济评价中经常遇到。改、扩建项目主要分析增量效益和增量费用，而增量效益并不完全来源于新增投资，其中一部分来自原有固定资产潜力的发挥。从有、无项目对比的观点来看，没有本项目，原有的潜力并不能产生增量效益，改、扩建项目的优点也正是利用了原有设施的潜力。因此，沉没费用来源于过去的决策行为，与现行的可行方案无关。

有些项目在过去建设时，已经考虑到了今天的扩建，因而预留了一部分发展的设施。比如引水管道预留了过流能力，厂房预留了安装新设备的位置，变压器考虑了将来的增容等，如果不进行改、扩建，这笔投资无法收回，在此情况下进行改、扩建，这笔投资作为沉没费用。还有些项目是停建后的复建，已花的部分投资也是沉没费用，只计算原有设施现时还可卖得的净价值。

改、扩建项目大都是在旧有设施基础上进行的，或多或少都会利用旧设施，不论潜力有多大，已花掉投资都属于沉没费用。

改、扩建项目经济评价，原则上应在增量效益和增量费用对应一致的基础上进行。因此，沉没费用不应计入新增投资中。在实际工作中，还会经常遇到分期建设问题，凡在第一期工程建设中为二期工程花掉的投资，都只应在第一期工程中计算二期工程经济评价中不再计入这部分投资。

（2）增量固定资产投资的计算。对有项目而言，固定资产投资应包括新增投资和可利用的原有固定资产价值并扣除拆除资产回收的净价值。由于改、扩建过程中带来的停产或减产损失，应作为项目的现金流出列入现金流量表中。对于无项目而言，原有投资应采用固定资产的重估值。

增量投资是有项目对无项目的投资额。对于停建后又续建的项目，其原有投资为沉没费用，不应计为投资，但应计算其卖得的净价值。

（3）增量经营成本的计算。改、扩建项目如果有几种目标同时存在，要计算有无此项目的差额，以避免重复计算或漏算。

（三）改、扩建项目经济评价

改、扩建项目具有一般建设项目的共同特征。因此，一般建设项目的经济评价原则和基本方法也适用于改、扩建项目。但因它是在现有企业基础上进行的，在具体评价方法上又有其特殊性。总的原则是考察项目建与不建两种情况下效益和费用的差别，这种差别是项目引起的，一般采用增量效果评价法，其计算步骤是：首先计算改、扩建产生的增量现金流，然后根据增量现金流进行增量效果指标计算（如增量投资内部收益率、增量投资财务净现值等），最后根据指标计算结果判别改、扩建项目的可行性。

增量现金流的计算是增量法的关键步骤。计算增量现金流的正确方法是"有无"法，即用进行改、扩建和技改（有项目）未来的现金流减去不进行改、扩建和技改（无项目）对应的未来的现金流。有无法不作无项目时现金流保持项目前水平不变的假设，而要求分别对有、无项目未来可能发生的情况进行预测。

由于进行改、扩建与不进行改、扩建两种情况下都有相同的原有资产，在进行增量现金流计算时互相抵消，这样就不必进行原有资产的估价，这是我们所希望的。按照通常的理解，在计算出增量效果指标后，若 $NPV > 0$ 或 $IRR > i_0$ 则应进行改、扩建改造投资。然而，能否这样下结论仍然是个有待讨论的问题。

六、区域经济和宏观经济影响分析

水利建设项目区域经济影响分析系指从区域经济的角度出发，分析项目对所在区域乃至更大范围的经济发展的影响；宏观经济影响分析系从国民经济整体角度出发，分析项目对国家宏观经济各方面的影响。

对特大型或有重大影响的水利建设项目，除进行国民经济评价、财务评价外，还要进行区域经济和宏观经济影响分析，对直接影响范围为局部区域的项目进行区域经济影响分析，对直接影响范围为国家经济全局的项目进行宏观经济影响分析。

具备下列全部或部分特征的水利建设项目，需进行宏观经济影响分析：

1. 工程规模巨大，或跨区域供水、供电的骨干水利建设项目。

2. 由于该水利建设项目的实施，使其所在的区域或国家的经济结构、社会结构，以及群体利益等有较大改变。

3. 项目导致技术进步和技术转变，引发关联产业或新产业群体的发展变化。

4. 对生态和环境影响大，范围广。

5. 对国家经济安全影响较大。

6. 对国家长期财政收支影响较大，或对国家进出口影响较大。

7. 其他对区域经济或宏观经济有重大影响的项目。

（一）区域经济和宏观经济影响分析内容

区域经济和宏观经济影响分析应立足于项目的实施对促进和保障经济有序高效运行和可持续发展的作用，分析的重点是项目与区域发展战略和国家长远规划的关系，应分析项目的直接贡献和间接贡献，以及项目的有利影响和不利影响。

区域或宏观经济影响分析应遵循系统性、综合性、定性分析与定量分析结合的原则，可将项目的总产出、总投入、资源、劳动进出口总额等作为区域或宏观经济的变量，通过构造经济数学模型，分别计算"有项目"与"无项目"时的相关指标。常用的经济数学模型包括经济计量模型、经济递推优化模型、全国或地区投入产出模型、系统动力学模型和动态系统计量模型等。

特大型水利建设项目的区域经济影响分析包括对区域现存发展条件、经济结构、城镇建设、劳动就业、土地利用、生态环境等方面实现和长远影响的分析；特大型水利建设项目的宏观经济影响分析包括对国民经济总量增长、产业结构调整、生产力布局、自然资源开发、劳动就业结构变化、物价变化、收入分配等方面影响的分析，以及国家承担项目建设的能力即国力的分析、项目时机选择对国民经济影响的分析等。

特大型水利建设项目对区域经济和宏观经济的影响是多方面的，既有有利的影响（正效益），也有不利的影响（负效益）。项目的总效益应为正效益和负效益相抵扣并扣除实际投资后的余额。

项目可能的贡献或不利影响主要包括下列内容：

1. 水利建设项目对区域或宏观经济的直接贡献表现在：由于满足水电供应，对经济增长的贡献；优化经济结构的贡献；居民收入增长的贡献；增长劳动就业与扶贫的贡献；改善生态环境的贡献：按有无该水利项目，说明对减少大气排放的 CO_2、粉尘等的贡献，改善小环境气候的贡献等；对地方或国家财政收入的贡献，如增值税、所得税、资源税、营业税等税费。

2. 水利建设项目对区域或宏观经济的间接贡献表现在：对人口合理分布流动和城市化的影响，由于水利建设项目的建设，农村人口集中，促进城市的形成、繁荣和扩大及建设社会主义新农村等方面；相关产业的带动，如可带动建材、加工、机电等产业发展；基础设施建设，生产生活条件的改善，提高居民生活质量；其他资源合理开发、有效利用的贡献，土地增值的贡献；技术进步，提高产业国际竞争力的贡献；克服经济瓶颈和均衡发展的贡献等。

3. 项目产生的不利影响主要包括占用土地资源，包括耕地、林地、草地等；生态环境影响主要包括水库淹没历史文化遗产、矿产资源、产生建设征地和移民安置、出现供求关系失衡、冲击地方传统经济等。

（二）区域经济和宏观经济影响分析指标体系

水利建设项目区域或宏观经济影响分析的指标体系，由总量指标、结构指标、社会与环境指标和国力适应性指标等构成，各项指标应与国家统计的口径一致，具体包括下列内容。

1. 总量指标

总量指标反映项目对国民经济的贡献：包括增加值、净产值、纯收入、财政收入等经济指标；总量指标可计算当年价格值、净现值总额和折现年值。

（1）增加值是指项目投产后对国民经济的净贡献，即每年形成的国内生产总值。对项目而言，按收入法计算增加值比较方便。

增加值=项目范围内全部劳动者报酬+固定资产折旧+生产税净额+营业盈余 （5-24）

（2）净产值是指项目全部收益扣除各项费用（不包括工资及附加）后的余额。

（3）社会纯收入是指净产值扣除工资及附加后的余额。

增加值、净产值和社会纯收入可分别由各自的总现值折算。具体计算时，应根据项目发挥效益的类别逐项计算。

2. 结构指标

结构指标反映项目对经济结构的影响：主要包括三次产业结构、就业结构等指标。

（1）产业结构可以以各产业增加值来计算，反映各产业在国内生产总值中所占份额大小。

（2）就业结构包括就业的产业结构、就业的知识结构等，前者指各产业就业人数的比例，后者指不同知识水平就业人数的比例。

（3）影响力系数是指特大型建设项目所在的产业，当它增加产出满足社会需求，每增加一个单位最终需求时，对国民经济各部门产生的增加产出的影响。

影响力系数大于1表示该产业部门增加产出对其他产业部门产出的影响程度超过社会平均水平，影响力系数越大，该产业部门对其他产业部门的带动作用越大，对经济增长的影响越大。

3. 社会与环境指标

社会与环境指标主要包括就业效果指标、收益分配效果指标、资源合理利用指标和环境影响效果指标等。为了分析项目对贫困地区的经济效益，可设置贫困地区收益分配比重指标，分析项目对贫困地区收益分配的贡献。

（1）就业效果指标。劳动力就业效果一般用项目单位投资带来的新增就业人数表示：

$$单位投资就业效果 = \frac{新增就业人数}{项目总投资}（人/万元） \tag{5-25}$$

$$直接就业效果 = \frac{本项目新增就业人数}{本项目的直接投资}（人/万元） \tag{5-26}$$

$$间接就业效果 = \frac{相关项目新增就业人数}{相关项目投资}（人/万元） \tag{5-27}$$

式中新增就业人数包括本项目与相关项目所新增就业人数，项目总投资包括直接投资和间接投资。

（2）收益分配效果，分配效果指标用于检验项目收益分配在国家、地方、企业、职工间的分配比重是否合理，主要有以下几项：

$$国家收益分配比重 = \frac{项目上缴国家的利益}{项目的总收益} \times 100\% \qquad (5\text{-}28)$$

$$地方收益分配比重 = \frac{项目上缴地方的利益}{项目的总收益} \times 100\% \qquad (5\text{-}29)$$

$$企业收益分配比重 = \frac{企业的利益}{项目的总收益} \times 100\% \qquad (5\text{-}30)$$

$$职工收益分配比重 = \frac{职工的利益}{项目的总收益} \times 100\% \qquad (5\text{-}31)$$

（3）对资源和环境的影响效果指标。对资源和环境的影响效果指标主要有节能效果指标、节约时间效果指标、节约用地效果指标、节约水资源效果指标等几类。

节能效果以项目的综合能耗水平来反映，项目的综合能耗水平低于社会平均能耗水平，则说明项目具有较好的节能效果，计算公式如下：

$$项目的综合能耗水平 = \frac{项目的综合能耗}{项目的净产值} \times 100\% \qquad (5\text{-}32)$$

4. 国力适应性指标

国力适应性指标反映国家的人力、物力和财力承受重大项目的能力，一般采用项目使用的资源占全部资源总量的百分比或财政资金投入占财政收入或支出的百分比表示。

国家财力是指一定时期国家拥有的资金实力。财力承担能力一般通过国内生产总值（或国民收入）增长率、特大型建设项目年度投资规模分别占国内生产总值（或国民收入）、全社会固定资产投资和国家预算内投资等指标的比重来衡量。对运用财政资金的项目，财政投资占财政收入比例的高低反映财政对项目资金需求承受能力的大小。

物力承担能力评价一般通过特大型建设项目对能源、钢材、水泥和木材能主要物资的年度需要量占同期产量的比重来衡量。国力承担能力评价需要结合对国家未来经济发展的预测来进行。

第二节　水利建设项目社会评价

水利作为国民经济的基础产业，对国民经济和社会发展及人民的生命财产安全起着不可替代的重要保障作用。水利工程本身常常财务收益很少甚至没有收入，但社会效益很大，社会影响深远，因此对水利建设项目开展社会评价是十分必要的，这样才可以统筹兼顾，全面分析，充分论证，科学决策，充分发挥水利工程的社会经济效益。

一、水利建设项目社会评价概述

水利建设项目社会评价（Society Evaluation）是从社会学角度出发，分析评价水利建设项目的实施对国家和地方各项社会发展目标所做的贡献与影响，以及项目与社会的相互适应性。它是依据社会学的理论和方法，坚持以人为本的原则，研究水利建设项目的社会可行性，并为方案的选择以及投资决策提供科学依据。

以往的投资项目决策，主要是根据经济评价的结果，即以经济效益的大小判定项目的可行性，尤其是在市场竞争机制条件下，投资者受经济利益的驱使，最关心的是财务效果，而项目与社会因素之间的相互作用和影响，经常被有意无意地忽略掉，其结果很可能会造成项目经济方面可行而社会和环境等方面不可行或对社会及环境造成不良影响。针对这种情况，如何通过评价投资项目的实施效果来确保实现国家的各项社会发展目标，实现在经济发展的前提下促进社会的全面发展，是进行水利建设项目社会评价过程中必须要研究的课题。

多年的实践证明，水利建设项目对社会产生的各种贡献和影响，不仅仅体现在经济方面，更多地体现在社会的其他方面。因此，对水利建设项目的评价，必须重视社会方面的评价内容。

二、社会评价

（一）水利建设项目社会评价内容

水利建设项目社会评价的内容，主要包括项目实施对各项社会发展目标带来的效益与影响分析，以及水利建设项目与社会发展相互适应性分析，现分述于下。

1. 水利建设项目对社会效益影响分析

水利建设项目社会效益巨大，社会影响深远，其评价内容可分为项目对社会环境、自然资源、社会经济、科学技术进步四个方面的影响。

（1）对社会环境的影响

水利建设项目对社会环境的影响，是影响分析的重点，包括项目对社会安定、民族团结、人口、就业、公平分配、文化教育、卫生保健等方面的影响。

①对社会安定的影响。洪、涝、旱等自然灾害，历来都是影响社会安定的重要因素。所以要分析评价水利建设项目对社会安定的影响，特别是防洪、治涝、河道整治、跨流域调水等项目，在促进社会安定、缓解上下游、左右岸、调水区与受水区、省际、县际以及其他方面矛盾的影响，注意增强人们的安全感和稳定感，避免发生毁灭性灾害、减免灾害对人员伤亡等方面的作用和影响。

②对民族团结的影响。在边远地区、少数民族地区及多民族聚居地区的水利建设项目，要重视各民族自己的文化历史、风俗习惯、宗教信仰、生活方式等因素对建设项目产生的影响和作用，在此基础上进一步研究项目实施对促进民族团结和社会发展的贡献和影响。

③对当地居民人口的影响。大型水利建设项目，尤其大型水库工程，往往引发大规模的人口迁移，由此可能导致一部分移民的贫困化；另一方面由于项目的建成，将改善当地的生产、生活条件，为此要研究如何妥善解决安置区移民与项目区居民之间的矛盾问题，这是决定大型水利建设项目是否成功的关键问题之一。具体内容包括项目对当地居民影响的分析，受益者与受损者的关系，受损者补偿标准合理性分析，项目涉及居民迁移的人数，迁出与迁入人口对项目的反应，项目所需劳动力在当地招收

的数量与当地群众对此的反应等。

④对就业效益的影响。分析评价建设项目投资直接产生的就业人数，即所谓直接就业人数，以及其他相关项目新增的就业人数，即所谓间接就业人数。所谓相关项目，一般指与建设项目配套或其他有关的项目，例如铁路、公路、航运或其他公用服务设施而未列入本项目投资的项目。

⑤对公平分配的影响。项目的收益公平分配包括对居民贫富差距的影响，对受损群体的影响，对受损群体补偿措施的合理性分析；对目标受益者收入的落实程度及其保证措施分析，如何切实保障项目的效益在不同受益区或不同受损区得到公平合理的分配等。

⑥对当地文化教育的影响。水利建设项目在促进项目区经济发展的同时，还会使项目区的文化教育事业得到改善。要分析评价项目在减少居民中文盲半文盲的比率，提高中小学教育普及率，促进成人教育、夜大、职大的普及及其发展等方面的社会效益及其影响。

⑦对当地卫生保健事业的影响。分析评价水利建设项目对改善当地医疗保健等方面的贡献与影响，对当地群众卫生习惯的影响，对当地清洁水供应及其分配的影响，对当地乡级和村级医院或卫生所的普及和发展的影响等。

⑧其他社会影响。分析评价水利建设项目对社区生产结构的影响，对人际关系的影响，对社会福利和社会保障系统的影响等。

（2）对自然资源的影响

主要分析评价水利建设项目对自然资源合理开发、综合利用等方面的影响，其内容包括对土地资源、能源、水资源、森林资源、矿产资源等合理利用的影响，对国土资源开发、改造和保护的影响，对水资源及水能资源开发利用程度的影响以及对自然资源综合利用效益的影响等。

（3）对社会经济的影响

水利建设项目对社会经济的影响，侧重于宏观分析项目对地区和部门经济发展的影响，其内容包括：分析项目在发挥效益前只有投入没有产出的不利影响，项目投入运行后对地区经济发展的有利影响，例如减少水旱灾害，提高土地利用价值，改善投资环境，增强经济实力等；对部门经济发展的影响主要包括对农业发展的影响，对能源和电力工业发展的影响，对交通运输业的影响，对林、牧、副、渔业发展的影响，对旅游业发展的影响等。

（4）对科学技术进步的影响

大型水利建设项目往往涉及关键技术的科技攻关和新技术的推广应用，这对科学技术进步具有重要意义和促进作用，具体情况应根据项目的需求进行分析评价。

2. 水利建设项目与社会发展相互适应性分析

水利建设项目与社会发展相互适应性分析，包括项目对国家或地区发展的适应性分析，项目对当地人民需求的适应性分析，项目的社会风险分析，受损群体的补偿措施分析，社会各方面参与程度分析，以及项目的持续性发展分析等。

（1）项目对国家或地区发展的适应性分析

分析项目的发展目标与国家或地区的优先发展目标的一致性程度；分析国家或地区在多大程度上需要本项目的开发。

（2）项目对当地人民需求的适应性分析

分析当地人民的需求和对项目的实施结果能否适应一致；分析当地人民的文化教育程度和对项目的新技术的可接受程度。

（3）项目的社会风险分析

①分析项目的社会风险及其严重程度，包括以下各项：

②分析社区群众、社区干部，特别是领导干部对项目的反应与态度，有无不满或反对者。

③分析贫困户及受损者对项目的反应与态度，有多少人不满或反对。

④分析不同地区对项目的支持或反对意见，如何提出协调措施，主要提出对直接受益与直接受损地区之间利益的协调措施。

对于国际河流或国际界河上的水利建设项目，应分析引起国际纠纷的可能性，提出有关处理协调措施方案。

根据以上各方面分析，提出社会风险的防范措施。

（4）受损群体的补偿措施分析

水利建设项目涉及的受损群众主要是非自愿移民，他们为了国家和多数人的长远利益而牺牲自己当前的利益，对他们损失的土地、房屋、财产和迁移中造成的损失，是否都给予相应合理补偿，并进行妥善安排，要分析补偿措施的公正公平程度。

（5）社会各方面参与程度分析

在项目的规划、设计、立项、施工准备及实施阶段，如果得到各有关方面的参与，可以改进项目的规划设计和施工建设；如果获得当地人民和有关方面的支持和合作，可以保证项目的顺利实施和充分发挥效益。因此，项目获得各方面的参与，是实施项目预定目标的重要手段，是项目社会评价的一个重点内容。

（6）项目的持续性发展分析

项目的持续性发展分析，包括环境功能的持续性、经济增长的持续性和项目效果的持续性等三个方面的内容。

①环境功能的持续性。水利建设项目在其建设和运行过程中对环境都会产生影响，因此环境功能的持续性应作为水利建设项目社会评价的一项重要内容。自然环境提供的土地资源、水资源、能源等是有限的，因此，要特别重视水利建设项目的水库淹没、挖压占地和节约水资源和能源等问题，重视移民安置区是否有足够的环境容量来吸收承载相应移民人口迁人等问题。

②经济增长的持续性。所谓经济增长的持续性，是指国民经济能够以一个持续的速度不断增长，它是我国经济发展的一个重要目标。因此，经济增长的持续性，可作为水利建设项目社会评价的一项重要内容。大型水利建设项目规模大，投资多，三材用量多，要分析国民经济能否充分承受；建设工期长，在工程发挥效益前的建设期内，只有投入，没有产出，对国家或地区经济发展有何不利影响；发挥效益后对国民经济持续增长有何促进作用等。

③项目效果的持续性。所谓项目效果的持续性，是指项目满足人类需要所提供商品和服务的持续性能力，影响项目效果持续性的因素很多，例如：建设资金到位问题，人、财、物是否被挪用问题，工期延误问题，受损地区和群众的补偿标准是否合理问题，移民提出的要求是否被充分考虑等问题。

在开展水利建设项目的社会评价中，要根据项目的具体情况，选择合适的社会评价内容。

（二）水利建设项目社会评价指标体系

水利建设项目社会评价指标体系，应能反映项目对社会、经济、资源、环境等方面所产生的效益和影响，并体现水利建设项目的特点，社会评价指标要求具有客观性、可操作性、通用性和可比性。

社会评价指标体系，分属于除害兴利、扶贫脱贫、就业效果、文教事业、卫生事业、地区发展、淹没损失、移民安置、资源利用、生态环境等方面。

必须指出，对社会评价指标的划分是相对的，其中许多内容具有交叉影响，关系密切。当某一水利建设项目进行社会评价时，应根据本项目的特点及存在的关键问题，有针对性地选用一些指标，应本着少而精的原则，只要能说明项目的主要问题及其特点即可。选用指标时要注意有项目和无项目两种情况的对比分析，判断其有利或不利影响及其影响程度。现分述各方面的社会评价指标体系。

1. 除害兴利

实施水利建设项目，其主要目的就是防治灾害，除害兴利，包括防洪、治涝，灌溉，供水，水力发电，航运，水土保持等方面。

（1）防洪、治涝

对防洪工程进行社会评价时，要了解防洪标准、保护的面积、人口和财产、发生不同频率的洪水时可能造成的各种损失以及有何应急防护措施等。对治涝工程进行社会评价时，要了解治涝标准、涝区面积及治涝效益等。防洪、治涝工程的社会评价指标包括如下几方面：

①工程防洪、治涝的能力，从多少年一遇提高到多少年一遇。

②项目保护人口和移民人口比＝下游保护人口数/库区移民人数。

③项目保护耕地和淹没耕地比＝下游保护耕地面积/库区淹没耕地面积。

④单位保护面积投资＝总投资/保护面积，万元/km^2。

（2）灌溉

我国人口多，耕地少，灌溉是提高单位面积产量的关键。为了满足当地粮食需求，一般应达到每个农业人口有一亩灌溉面积。社会评价可采用下列指标：

①人均增加灌溉面积＝项目区新增灌溉面积/项目区农业人口总数，亩/人。

②人均增加粮食产量＝项目区新增农业粮食总产量/项目区农业人口总数，kg/人。

③人均增加收入＝项目区新增农业总收入/项目区农业人口总数，元/人。

④单位新增灌溉面积投资＝灌溉工程投资/新增灌溉面积，元/亩。

（3）供水

城镇供水量包括城镇工业用水量和居民生活用水量两大部分，其中生活用水量除居民住宅用水量外，还包括文教、卫生、机关、公共服务行业的用水量，以及消防、绿化、环境卫生等公益用水量。我国城镇居民人均生活用水量约为 $100\sim150L/$（人·d）。

城镇工业用水量一般用万元产值耗水量表示，目前已低于 $100m^3$/万元，今后随着物价上涨，生产节水工艺水平提高，该指标将不断降低。社会评价可采用下列指标：

①单方供水量投资=供水工程投资/年供水量，元/m^3。

②工业万元产值耗水量=工业总耗水量/工业总产值，m^3/万元。

③人均日生活用水量=项目区日生活用水总量/城镇居民人口总数，L/（人·d）。

（4）水力发电

要了解本地区在国民经济各个发展阶段的需电量，电力系统对水力发电的供电要求等。社会评价可采用下列指标：

①年人均用电量=项目影响区年供电量/项目影响区人口总数，kW·h/（人·年）。

②单位装机容量投资=水电站总投资/水电站装机容量，元/kW。

③单位供电量投资=水电站总投资/水电站年供电量，元/（kW·h）。

（5）航运

我国内河航运在交通运输业中占据重要地位。在河道上修建水利枢纽工程，由于水库水位抬高，上游水域增宽，流速变缓，使干、支流可通航里程增加，为发展水库上游航运提供了有利条件；水库下游河道由于枯水期调节流量及其水深有所增加，通航能力相应得到提高。另一方面，由于水工建筑物阻隔了河道，对航运产生不利影响，在此情况下需修建船闸或升船机，以便上下游通航。社会评价可采用下列指标：

①兴建水库后上下游干流及支流增加的通航里程，km。

②干、支流航道增加的年运输能力，t/年。

（6）水土保持

水土保持项目的社会效益很大，主要表现在减轻山洪、泥石流灾害；减轻泥沙对河流、水库及其他水利设施的危害；保持水土和减少水、肥、土的流失，促进当地农、林、牧业的发展以及保护和改善生态环境等。社会评价可采用下列指标：

①人均家庭收入增加值=治理区家庭总收入增加值/治理区人口总数，元/人。

②人均粮食产量增加值=治理区粮食总产量增加值/治理区人口总数，kg/人。

③减少水土流失面积指数=（项目减少水土流失面积/项目区土地总面积）×100%。

④森林覆盖率=（森林面积/土地总面积）×100%。

⑤人均占有绿化面积=绿化总面积/人口总数，亩/人。

2. 促进文化、教育、卫生事业的发展

通过水利建设项目的综合开发，可以促进当地文化、教育和卫生事业的发展。社会评价可采用下列指标：

（1）学龄儿童入学率=（项目区学龄儿童学生人数/项目区学龄儿童总数）×100%。

（2）每万人大专文化程度人数=项目区大专文化程度人数/项目区人口总数，人/

万人。

（3）每千人医疗卫生人数=项目区医疗卫生人数/项目区人口总数，人/千人。

（4）千人医疗床位数=项目区医疗床位数/项目区人口总数，张/千人。

3. 就业效果

兴修水利建设项目，可带来直接和间接就业效果。根据就业效果的大小，可以衡量项目在就业方面对社会所作出的贡献。社会评价可采用下列指标：

（1）直接就业效果=项目提供的直接就业人数/项目直接投资，人/万元。

（2）间接就业效果=间接就业人数/因水利项目带来的相关部门的投资，人/万元。

4. 分配效果

公平分配是社会主义经济的一个主要特征，实现公平分配，主要通过政府的税收、价格以及工资制度等政策才能达到，其目的是为了减少地区间经济发展不平衡，缩小贫富差距，提高广大人民的生活水平。社会评价可采用下列指标：

（1）国家收入分配效果=［国家从项目获得的利益分配额（税金、利润等）/项目国民收入总额］×100%。

（2）地方收入分配效果=［地方从项目获得的利益分配额（当地工资收入、当地政府利税收入等）/项目国民收入总额］×100%。

（3）投资者收入分配效果=［投资者从项目获得的利益分配额（利润、股息等）/项目国民收入总额］×100%。

（4）职工收入分配效果=（职工总收入/项目国民收入总额）×100%。

5. 水库淹没损失

1949年新中国成立以来，我国已修建了大量水库，一方面产生了巨大的经济效益，另一方面也带来了较大的淹没损失，因此必须作好淹没处理和移民安置规划。社会评价可采用下列指标：

（1）单位库容淹没耕地=淹没耕地面积/总库容，亩/亿。

（2）单位库容移民人数=移民总人数/总库容，人/亿。

6. 移民安置

由于过去重修建水库，轻移民安置，移民问题现在已成为一个比较严重的社会问题。为此确定今后水库移民实行开发性的移民方针，妥善安置移民生产、生活问题，以求达到长治久安的目的。移民安置是社会评价的重点之一，可采用下列指标：

（1）移民人均安置投资=移民总投资/移民总人数，元/人。

（2）移民安置前后人均产粮增长率=［（安置后人均产粮−安置前人均产粮）/安置前人均产粮］×100%。

（3）移民安置前后人均年纯收入增长率=［（安置后人均年纯收入−安置前人均年纯收入）/安置前人均年纯收入］×100%。

（4）移民安置完成率=（已安置移民人数/应安置移民人数）×100%

（三）水利建设项目社会评价方法

建设项目社会影响评价的方法，包括社会调查法、预测法、分析评价法等。水利建设项目的社会评价，由于其社会因素涉及面广，情况复杂，影响深远，所以其社会影响评价具有区别于其他建设项目社会评价方法之处，目前主要有定量定性分析法、有无对比分析法和多目标综合分析法。

1. 定量定性分析法

建设项目的社会效益与影响比较广泛，社会因素众多，关系复杂，许多影响是无形的。甚至是潜在的。如防洪、治涝项目对流域或社区安全稳定的影响，对卫生保健、生态环境、人口素质的影响等。有些社会效益和影响可以借助一定的计算公式定量计算，如就业效益、收入分配效益、节约自然资源效益、环境效益等。但大量的、复杂的社会因素往往很难定量计算，只能进行定性分析。因此，在水利建设项目社会评价中，宜采用定量与定性分析相结合，指标参数与经验判断相结合的方法。

（1）定量分析方法

定量分析方法是指运用统一的量纲、一定的计算公式及判别标准（参数），通过数量演算反映评价结果的方法。一般来说，数量化的评价结果比较直观，但对于项目社会影响评价来说，大量的、复杂的社会因素都要进行定量计算，难度很大。在这种情况下，往往需要通过某些假设权重以及各种参数等方法达到定量分析的目的。

（2）定性分析方法

由于投资项目的社会评价涉及的范围广、内容多、难度大，因此在评价中普遍侧重于定性分析。定性分析方法基本上是采用文字描述，说明事物的性质。但定性分析与定量分析的区别也不是绝对的，定性分析在需要与可能的情况下，应尽量采用直接或间接的数据，以便更准确地说明问题的性质或结论。

社会评价中采取的科学的定性分析，要求与定量分析一样。首先，确定分析评价的基准线；其次，在可比的基础上进行"有项目"与"无项目"的对比分析；再次，制定定性分析的核查提纲，以利调查与分析的深入；最后，在衡量影响重要程度的基础上，对各种指标进行权重排序，以利于综合分析评价。

2. 有无对比分析法

有无对比分析法是指有项目情况与无项目情况的对比分析。它是社会评价中较常采用的分析评价方法，通过有无对比分析，可以确定拟建项目引起的社会变化，亦即各种社会效益和影响的性质和程度，从而判断项目存在的社会风险和社会可行性。有项目情况减去同一时刻无项目的情况，即该项目引起的各种影响。此分析方法一般用于对指标进行定性分析时使用。

（1）调查确定评价的基准线

建设项目的基准线是指没有此项目情况下被研究区域的社会状况。调查确定评价的基准线应首先对研究区域现有社会经济情况进行调查，调查内容一般包括当地社会人文情况，经济情况，自然环境与自然资源状况、文教、卫生发展情况，已有资源、基础设施、服务设施状况，宗教信仰、风俗习惯等。

水利建设项目建设期、运行期较长，上述调查的社会经济状况在此时期内可能发生变化而这些变化并不是由于此项目引起的，如政策、体制的变化及其他项目的建设，都可能引起社会经济状况的变化，所以进行项目有无对比分析时，不是此项目引起的社会变化，应予以剔除。对于发生的这些变化，可以依据项目开工前的历史统计资料，采用一般的科学预测方法（如判断预测法、趋势外推法、类比法等）来预测。有些情况可能需要向有关地方机构和社区了解或请有经验的专家估计。调查预测基准线确定以后，应对收集的资料进行整理加工，写出"基准线调查预测"情况的书面材料，作为评价的基准。

（2）进行有无对比分析

有项目情况，是指考虑拟建设和运行中引起各种社会经济变化后的社会经济情况。有项目减去无项目情况，即为项目引起的效益和影响。例如，某水库的扩建工程，在开工前，库区管理人员有50人，扩建工程完成后，管理人员增加到70人，则因扩建引起的就业人数增加20人，这就是项目的就业效益影响。又如某大型水利项目，在其实施前，本区域的人民主要以种田为主，由于项目占用了大量的土地，引起了移民搬迁，项目完成后，出现了从事工业、商业的人，种田的人减少了，即该项目的实施，引起了区域社会结构的变化。实践中通过有无对比分析来确定各种社会效益和影响的性质与程度，是比较复杂的，因为预测的无项目情况即基准线可能不准确，特别是政策、体制的变化。因此，在具体评价时，有时需要对原来调查预测的基准线重新研究确定。

3. 多目标综合分析法

除了上述定量定性分析法和有无对比分析法，水利建设项目社会影响评价还有多种方法，以下对各方法进行简要评述。

（1）专家评分法

专家评分法是出现较早且应用较广的一种评价方法。是在定量和定性分析的基础上，以打分等方式作出定量评价，其结果具有数理统计特性。专家评分法的最大优点是，在缺乏足够统计数据和原始资料的情况下，可以作出定量估价得到文献上还来不及反映的信息，特别是当方案的价值在很大程度上是取决于政策和人的主观因素，而不主要取决于技术性能时，专家评分法较其他方法更为适宜。

专家评分法的主要步骤是：首先根据评价对象的具体情况选定评价指标，对每个指标均定出评价等级，每个等级的标准用分值表示（如5分制、10分制）；然后以此为基准，由专家对方案进行分析和评价，确定各个指标的分值，最后对各指标项目所得分值采用加法求和、相乘或加乘结合的方法求出各方案的总分值，从而得到评价结果。考虑到各指标重要的程度的不同及专家权威性的大小，又发展了加权评分法。专家评分法具有使用简单、直观性强的特点，但其理论性和系统性不强，一般情况下难以保证评价结果的客观性和准确性。

（2）层次分析法（The Analytic Hierarchy Process，AHP）

层次分析法是一种应用得最为广泛的方法。该方法是由美国运筹学家T. L. Satty于20世纪70年代中期提出的一种综合定性与定量方法，以解决多因素复杂系统，特别是难以定量描述的社会系统的分析方法。其基本思想是：先按问题的要求把复杂的系统分解为各个组成因素；将这些因素按支配关系分组，建立起一个描述系统功能或特征的有序的递阶层次结构；然后对因素间的相对重要性按一定的比例标度进行两两比较，由此构造出上层某因素的下层相关因素的判断矩阵，以确定每一层次中各因素对上层因素的相对重要序；最后在递阶层次结构内进行合成而得到决策因素相对于目标的重要性的总顺序。它体现了人们决策思维的基本特征：分解、判断、综合，具有思路清晰、方法简便与系统性强等特点。AHP法的核心在于通过两两比较来构造判断矩阵。判断矩阵一经确定即可用多种方法求出排序值，一些学者先后提出了EM法（特征向量法）、LSM法（最小二乘法）、LDM法（最小偏差法）。

需要指出，AHP法也有其不足之处：①判断矩阵是由评价者或专家给定的，因此其一致性必然要受到有关人员的知识结构，判断水平及个人偏好等许多主观因素的影响；②判断矩阵有时难以保持判断的传递性；③综合评价函数采用线性加权形式，因而有属性的线性及独立性的限制，不能盲目应用。

（3）数据包络分析法（DEA法）

数据包络分析法是运用数学规划模型，计算并比较决策单元之间的相对效率，从而对评价对象提出评价。DEA法不仅能求解多输入单输出问题，还适用于具有多输入多输出的复杂系统。通过对输入和输出信息的综合分析，DEA法可以得出每个方案综合效率的数量指标，据此将各方案定级排队，确定有效的（即相对效率高的）方案。并可给出其他方案非有效的原因和程度。该方法的一个重要特点，就是它以方案的各输入输出指标的权重为变量，避免了事先确定各指标在优先意义下的权重，使之受不确定的主观因素的影响比较小。

（4）灰色决策评价法

客观世界中，常常会遇到信息不完全的系统，如参数信息不完全、结构信息不完全、关系信息不完全等，这种信息部分明确、部分不明确的系统为灰色系统（Gray System）。灰色决策评价法是通过分析各种因素的关联性及其量的测度，用"灰数据映射"方法来处理随机量和发现规律，使系统的发展由不知到知，知之不多知之较多，使系统的灰度逐渐减小，白度逐渐增加，直至认识系统的变化规律。

（5）逻辑框架分析法（Logistic Framework Approach，LFA）

逻辑框架分析法是美国国际开发署在1970年开发并使用的一种设计、计划和评估的工具，其核心是根据失误的因果逻辑关系，分析项目的效率、效果、影响和可持续性。这种方法依据事物的因果逻辑关系，通过分析项目的一系列相关变化过程，明确项目的目标及其相关的假设条件（或先决条件），以改善项目的设计方案。逻辑框架分析法可采用矩阵表述，目前多用于投资项目管理，而且较为复杂，因此在公共工程项目社会评价分析中较少被采用。

（6）模糊综合评价法

项目的效益发挥涉及项目设计、施工和运行等诸多方面因素。当确定进行某一个项目的建设时，往往有多个设计方案、需要对其评价和选择最佳方案。在评价过程中，由于评价因子、评价人员和备选方案较多，影响因素的作用关系复杂，给评价结果的得出带来了困难。根据项目设计方案评价中的多因素和模糊性特点，基于模糊数学原理建立的模糊综合评价方法是经常被采用的评价工具。对受多种因素影响的事物，模糊综合评价法是作出全面评价的十分有效的多因素评价决策法。

第五章　综合利用水利工程的投资费用分摊

第一节　概述

我国水利工程一般具有防洪、发电、灌溉、供水、航运等综合利用效益。在过去一段时间内由于缺乏经济核算，整个综合利用水利工程（一般称多目标水利工程）的投资并不在各个受益部门之间进行投资分摊，主要由某一主要受益部门负担，结果常常出现以下几种情况：

（一）负担全部投资的部门认为

本部门的效益有限，而所需投资却较大，因而迟迟不下决心或者不愿兴办此项工程，使水资源得不到应有的开发与利用，任其白白浪费。

（二）主办单位由于受本部门投资额的限制

可能使综合利用水利工程的开发规模偏小，使得其综合利用效益得不到充分的发挥。

（三）如果综合利用水利工程牵涉的部门较多

相互关系较为复杂，有些不承担投资的部门往往提出过高的设计标准或设计要求，使工程投资不合理的增加，工期被迫拖延，不能以较少的工程投资在较短的时间内发挥较大的综合利用效益。

在相当长时期内，某些水利工程的投资全部由水电站负担，致使水电站单位千瓦投资高于火电站较多。由于受电力部门总投资额的限制以及其他一些原因，为了尽快满足电力系统负荷日益增长的要求，较多地发展了火力发电。虽然火电厂本身的单位千瓦投资较低，但是为了提供火电所需的大宗燃料，煤炭工业部门不得不增加投资新建或扩建矿井，甚至铁道部门、环保部门亦须相应增加投资，总计折合火力发电单位千瓦的投资并不一定比水电站少，而且火电站单位电能的年运行费为水电站的数倍。由于电价是一定的，结果国家纯收入（包括税金和利润）减少，资金积累减慢，反过来又影响水利电力部门的投资额，降低扩大再生产的速度，而水能资源由于得不到充分的开发利用而年复一年地大量浪费。

随着社会主义市场经济体制的建立，水利工程建设资金的投入也逐步转入多元化机制。许多项目实行"谁投资、谁受益"的原则，集资建设；国家拨款改为贷款，由无偿使用变为有偿使用。各受益地区或部门不仅关心工程所带来的效益，而且也很关心自己在工程建设管理中所应承担的工程费用（建设投资和年运行费）。经济效益合理程度，各地区或部门应负担多少费用，是否在其所接受的范围之内，决定着该地区和部门对项目的支持态度。因此综合利用水利工程的投资在各个受益部门之间进行合理分摊势在必行。

对综合利用水利工程进行投资分摊的主要目的如下：

（一）合理分配国家资金

正确编制国民经济发展规划和建设，保证国民经济各部门有计划按比例协调发展。

（二）充分合理地开发和利用水利资源和各种能源

在满足国民经济各部门要求的条件下，使国家的总投资和运行费用最少。

（三）协调国民经济各部门对综合利用水利工程的要求

选择经济合理的开发方式和发展规模；分析比较综合利用水利工程各部分的有关参数和技术经济指标。

（四）充分发挥投资的经济效果

只有对综合利用水利工程进行投资和运行费用分摊，才能正确计算防洪、灌溉、水电、航运等部门的效益与费用，以加强经济核算，制订各种合理价格，不断提高综合利用水利工程的经营和管理水平。

综合利用水利工程投资费用分摊包括固定资产投资分摊和年运行费分摊。

第二节　综合利用水利工程的投资费用构成

综合利用水利工程是国民经济不同部门为利用同一水资源而联合兴建的工程，一般包括水库、大坝、溢洪道、泄水建筑物、引水建筑物、电厂、船闸以及鱼道等建筑物。从投资费用构成来说，它是由建筑工程、机电设备及安装工程、金属结构设备及安装工程、施工临时工程、水库淹没处理补偿费、预备费及独立费用等部分组成。按费用的服务性质来说，可以分为只为某一受益部门（或地区）服务的专用工程费用和配套工程费用，以及为综合利用水利工程各受益部门（或其中两个以上受益部门）服务的共用工程费用。按费用的可分性质来说，又分为可分离费用与剩余费用两部分。

一、专用工程费用与共用工程费用的划分

专用工程费用（Special Project Cost）是指参与综合利用的某一部门为自身目的而兴建的工程（不包括配套工程）的总投入，包括投资、年运行费用和设备更新费，该费用由各部门自行承担。共用工程费用是指为各受益部门共同使用的工程设施

投入的投资、年运行费用和更新费等，该费用应由各受益部门分摊。因此，综合利用水利工程的投资构成可用下式表示：

$$K_{总} = K_{共} + \sum_{i=1}^{n} K_{专,i} \quad (i=1, 2, \cdots, n) \tag{6-1}$$

式中 $K_{总}$——综合利用水利枢纽工程总投资费用；

$K_{共}$——各受益部门的共用工程投资费用；

$K_{专,i}$——第 i 个受益部门的专用工程投资费用；

n——从综合利用水利枢纽获得效益的部门数。

各部门的专用工程费用和配套工程费用在数量上以及投入的时间上相差很大。相对来说，水库防洪的专用工程费用小（大坝既是防洪的主要工程措施，又为各受益部门所共用），基本上没有配套工程；发电部门的专用工程费用和配套工程费用都比较多；航运部门的专用工程费用比发电部门少，但配套设施的费用很大；灌溉部门的专用工程（主要是引水渠首工程）费用很小，配套工程费用大。航运专用工程投资一般在水库蓄水前要全部投入；发电专用工程投资（主要是机电设备）大部分可在水库蓄水后随着装机进度逐步投入，配套工程投资可在水库蓄水后逐步投入。

共用工程费用（Common Project Cost）主要包括大坝工程投资和水库淹没处理费用，其大小主要取决于坝址的地质、地形条件和水库淹没区社会经济条件，在不同自然条件和社会经济条件下建设相同规模水利工程其投资费用可能相差数倍。共用工程费用投入时间较早，全部或绝大部分要在水库蓄水前投入。

在工程的投资概（估）算时，专用工程投资和共用工程投资是统一计算的，很多投资项目是共用投资与专用投资互相交叉在一起的。在进行综合利用水利工程费用分摊时，首先需要正确划分专用工程投资和共用工程投资，这是一项十分重要而难度大的工作，它不仅需要有合理的划分原则，还必须掌握大量资料和对综合利用水利工程有比较全面的了解。根据水利工程投资估算的方法和特点，一般可分两步进行：

第一步：按投资估算的原则，将综合利用水利工程投资按大坝、电站、通航建筑物、灌溉渠道工程及其他共用工程进行初步划分，其原则和方法是：按工程量计算出的各建筑物直接投资及按此投资比例算出相应于该建筑物的临时工程投资和其他投资，一并划入该建筑物投资；其余投资则列入其他工程投资。

第二步：由于各建筑物投资并不一定就是本部门的专用投资（如通航建筑物等），因此，还需在第一步划分的基础上，进一步将各建筑物的投资根据其性质和作用分为专用和共用两部分，其原则和方法如下：

（一）坝后式水电站的厂房土建和机电投资费用明显属于发电部门

应全部划入发电专用投资费用。河床式电站厂房土建部分既是电站的专用工程设施，又起挡水建筑物的作用，其投资费用应在发电专用和各部门共用之间进行适当划分。

（二）灌溉部门的渠首建筑物

控制设备都明显属于灌溉部门的专用工程费用，其费用应列入灌溉部门的专用工程费用。从综合利用水利工程来说，灌溉引水干支渠费用均属于配套工程费用。

（三）通航建筑物（如船闸、升船机等）的投资费用

应根据不同情况区别对待：对于原不通航的河流，若兴建水利工程后，使河流变为通航的河流，则所建的通航建筑物，不论其规模大小，所需投资费用均应列为航运部门的专用投资费用；对于原通航河流兴建水利工程，若所建的通航建筑物规模不超过河流原有通航能力，则所建的通航建筑物属于恢复河流原有通过能力的补偿性工程，其所需投资费用应作为各受益部门的共用投资费用，若其规模超过河流原有通航能力时，则其超过部分应划为航运部门的专用投资费用，等效于河流原有通过能力的部分仍划为各受益部门的共用投资费用。当初步估算其共用和专用投资费用时，可按天然河道通过能力与通航建筑物通过能力的比例估算。

（四）综合利用水利工程的大坝工程

具有防洪专用和为各受益部门共用的两重性，只将为满足防洪需要而增加的投资费用划为防洪专用投资费用，其余费用作为各受益部门的共用投资费用。

（五）开发性移民的水库移民费用含有恢复移民原有生产

生活水平的补偿费用和发展水库区域经济的建设费用，应将其费用划分为补偿和发展两部分，前者为各受益部门的共用费用，后者另作研究处理。划为发展部分的费用应包括：扩大规模所增加的费用、提高标准所增加的费用、以新补旧中的部分折旧费。

（六）对于供水部门

其取水口和引水建筑物的投资费用应列入供水部门的专用工程投资费用。如果供水部门的取水口及引水建筑物与其他部门共用，则取水和引水建筑物的投资费用应根据各部门的引水量进行分摊。

（七）对于渔业、旅游、卫生部门而言

都需要额外的投资费用，这些部门的专用工程费用一般不计入综合利用水利工程的总投资费用，这些部门一般也不参加综合利用水利工程共用投资费用的分摊。但对于过鱼设施，由于属补偿性工程设施，其投资费用一般应列入共用工程投资费用。

二、可分离费用与剩余费用的划分

某部门的可分离费用（Separable Cost）是指综合利用水利工程中包括该部门与不包括该部门总费用之差（其他部门效益不变）。例如一个三目标（防洪、发电、航运）综合利用水利工程中的防洪可分离费用，就是防洪、发电、航运三目标的工程费用减去发电、航运双目标的工程费用。剩余费用（Remaining Cost）是指综合利用水利工程总费用减去各部门可分离费用之和的差额。综合利用水利工程的投资构成可用下式表示：

$$K_{总} = K_{剩} + \sum_{i=1}^{n} K_{分,i} \quad (i = 1, 2, \cdots, n) \tag{6-2}$$

式中 $K_{总}$——综合利用水利枢纽工程总投资；

$K_{分,i}$——第 i 部门的可分离部分的投资（简称可分投资）；

$K_{剩}$——综合利用水利工程的剩余投资。

可分离费用和剩余费用的划分，一般在专用工程费用和共用工程费用划分的基础上进行的，这项工作比较繁琐但又十分重要。划分时需要大量的设计资料，为了节省设计工作量，应充分利用已有资料，并作适当简化。而且当有些水利部门如第 i 部门和第 j 部门之间有共用工程（如取水口、引水建筑物等）时，则枢纽中不包括第 i 部门时，要重新决定第 j 部门的各有关工程尺寸；然后再根据调整后的枢纽布置和工程尺寸计算工程量和相应的投资费用。显然，这种划分把各部门的专用工程费用最大限度地划分出来，由各部门自行承担，需要分摊的剩余费用比共用工程费用小，因此可减少因分摊方法不完善所造成的不合理性。

此法应用边际费用的原理，把各部门的专用投资费用最大限度地划分出来，由各部门自行承担，从而减少了由于分摊比例计算不精确而造成的误差，是一种比较合理的方法，在美、欧、日本、印度等国家得到广泛应用。

第三节　现行投资费用的分摊方法

国外对综合利用水利工程的投资分摊问题曾作过较多的研究，提出很多的计算方法。由于问题的复杂性，有些文献认为：直到目前为止，还提不出一个可以普遍采用的、能够被各方完全同意的投资费用分摊公式。本节主要介绍比较通用的投资费用分摊方法和有关部门建议的费用分摊方法。

一、投资费用分摊方法分类

综合利用水利枢纽投资费用的分摊方法多种多样，归纳起来有下述三类：

（一）按比例分摊综合利用水利枢纽的总投资

这种方法，确定分摊系数的方法很多，最常见的是按用水量或所需库容比例确定。这类分摊方法直接分摊枢纽总投资，会把某水利部门专用工程的投资按比例分摊到其他水利部门中去，得出不尽合理的结果。

（二）按比例分摊综合利用水利枢纽共用工程的投资

各部门分摊的投资额等于本部门专用工程投资加上分摊得到的共用工程投资。分摊系数的确定方法或者说具体的分摊方法有多种。如按各部门所用水量或库容比例分摊、按效益比例分摊等。

（三）按比例分摊综合利用水利枢纽的剩余投资

这类方法分摊系数的确定方法与第（二）种情况分摊系数的确定方法基本相同，也有多种。由于可分投资一般占总投资中的大部分（一般 70% 左右，多的可达 85%），剩余投资占的份额较少，因此虽然分摊系数用不同方法确定时有较大差别，但对成果影响较小。这类方法的不足之处是计算可分投资的工作量很大。

这些方法如果用于分摊综合利用水利工程的费用，则属于费用分摊方法。

二、现行的投资费用分摊方法

（一）主次地位分摊法（the Allocation Method of the Status of Primary and Secondary）

在综合利用水利工程中各受益部门所处地位不同，主次关系明显，往往某一部门占主导地位，要求水库的运行方式服从它的要求，其他次要部门的用水量及用水时间则处在从属的地位，其主要功能可获得的效益占枢纽总效益的比例很大，这时，可由枢纽主要功能的受益部门承担全部或大部分共用工程投资费用，次要功能的受益部门只承担其可分投资费用或其专用工程投资费用。这种方法适用于主导部门地位十分明确，工程的主要任务是满足该部门所提出的防洪或兴利要求。确定首要任务或主要用途部门所应承担的份额可以根据：单独兴建等效替代措施的投资费用；规定的计算期内该部门可获得的净效益；各部门协商评议，确定各方可以接受的分摊比例等。

（二）枢纽指标（用水量、库容等）系数分摊法（the Allocation Method of Index Factor Such as Water Consumption，Storage Capacity）

枢纽指标系数分摊法是一种按综合利用水利枢纽各功能的某些指标（如利用的水量、库容、可发展的灌溉面积等）的比例进行共用投资费用分摊的方法。利用库容或水量多的部门，承担的投资费用份额大；反之，承担的小一些。如根据防洪与兴利库容比例分摊防洪与兴利部门之间的投资费用，根据灌溉面积的比例分摊两个灌区应分摊的共用工程投资费用等，其分摊比例表达式为

$$\alpha_i = \frac{V_i}{\sum_{i=1}^{n} V_i} \ \text{或} \ \alpha_i = \frac{W_i}{\sum_{i=1}^{n} W_i} \tag{6-3}$$

式中 V_i——第 i 受益部门占有综合利用水库工程的库容；

W——第 i 受益部门需综合利用水利枢纽提供的年用水量。

此法概念明确、简单易懂、直观，分摊的费用较易被有关部门接受，在世界各国获得了广泛的应用，适用于各种综合利用工程的规划设计、可行性研究及初步设计阶段的费用分摊。此法存在的主要缺点如下：

一是它不能确切地反映各部门用水的特点，如有的部门只利用库容、不利用水量（如防洪），有的部门既利用库容、又利用水量（如发电、灌溉）。同时，利用库容的部门其利用时间不同，使用水量的部门随季节变化对水量的要求不一样，水量保证程度也不一样（如工业供水的保证程度一般高于农业供水）。

二是它不能反映各部门需水的迫切程度。

三是由于水库水位是综合利用各部门利益协调平衡的结果，水库建成后又是在统一调度下运行的，因此，不能精确划分出各部门利用的库容或者水量。

为了克服上述缺点，可以适当计入某些权重系数，如时间权重系数、迫切程度权重系数、保证率权重系数等。例如，对共用库容和重复使用的库容（或水量）可根据使用情况和利用库容时间长短或主次地位划分，对死库容可按主次地位法、优先使用

权法等在各部门之间分摊，并适当计入某些权重系数。

（三）最优等效替代方案费用现值比例分摊法（the Proportion Allocation Method of Present Cost of Optimal Equivalent Alternative）

最优等效替代方案费用现值比例分摊法的基本设想是：如果不兴建综合利用水利工程，则参与综合利用的各部门为满足自身的需要，就得兴建可以获得同等效益的工程，其所需投资费用反映了各部门为满足自身需要付出代价的大小。因此，按此比例来分摊综合利用水利工程的共用投资费用是比较合理的。此法的优点是不需要计算工程经济效益，比较适合于效益不易计算的综合利用工程。缺点是需要确定各部门的替代方案，各部门的替代方案可能是多个，要计算出各方案的投资费用，并从中选出最优方案，计算工作量是很大的。

采用此法时，一般应按替代方案在经济分析期内的总费用折现总值的比例，分摊综合利用水利工程的总费用。其分摊比例表达式如下：

$$\alpha_i = \frac{C_{i替}}{\sum\limits_{i=1}^{n} C_{i替}} \tag{6-4}$$

式中 $C_{i替}$——第 i 部门等效最优替代措施费用现值；

　　　　n——参与综合利用费用分摊的部门个数。

按各部门分摊的枢纽工程费用的比例，再进一步计算各部门分摊枢纽工程投资和年运行费用的数额。

（四）效益现值比例分摊法（the Proportion Allocation Method of Present Benefit）
效益现值比例分摊法投资分摊与各部门获得的效益大小有关，效益大则多分摊投资，效益小则少分摊投资。其分摊比例表达式如下：

$$\alpha_i = \frac{PB_i}{\sum\limits_{i=1}^{n} PB_i} \tag{6-5}$$

式中 PB_i——第 i 部门经济效益现值。

实际应用时须注意以下几个方面的问题：

1. 计算的各部门所获得的效益是否与实际相等，这取决于计算资料是否全面与准确，计算方法是否完善。

2. 效益计算的范围。《水利建设项目经济评价规范》（SL　72—2013）中规定，项目的效益应包括直接效益和间接效益两部分。间接效益可分为一级间接效益和二级间接效益等，计算到哪一级、是否还要计算相应的外部费用等，《规范》中没有说明，只能根据枢纽实际情况决定。效益有国家效益和地方效益，有的能定量计算，如工业供水产值提高，灌溉供水产量增加等；有的很难定量计算，只能定性分析，如环境效益等。再者，有的地区尽管经济效益显著，但地方财政并不一定因工程的修建而增加多少收益。

3. 对用水部门来说，按效益大小分摊的投资与所获得的供水量没有直接关系，该法不利于节约用水，不利于发挥供水的最大效益。

（五）可分离费用——剩余效益法（Separable Cost—Remaining Benefit Method，SCRB）

可分离费用——剩余效益法的基本原理是：把综合利用工程多目标综合开发与单目标各自开发进行比较，所节省的费用被看做是剩余效益的体现，所有参加部门都有权分享。某部门的"剩余效益" PS_i 是指某部门的效益与其合理替代方案费用两者之中的较小值减去该部门的可分离费用的差值。此法分摊比例是按各部门剩余效益占各部门剩余效益总和的比例计算。其分摊比例计算表达式如下：

$$\alpha_i = \frac{PS_i}{\sum_{i=1}^{n} PS_i} \tag{6-6}$$

为了发挥此法的优点，克服其不足，有的学者和专家在 SCRB 法的基础上，提出了"修正 SCRB 法"和"可分离费用——××法"。

修正 SCRB 法主要考虑到综合利用工程各部门的效益并不是立即同时达到设计水平的，而是有一个逐渐增长过程，计算各部门效益时应考虑各部门的效益增长情况，在效益增长阶段分年进行折算。如增长是均匀的，可运用增长系列复利公式计算；达到设计水平年后则运用复利等额系列公式计算。然后把两部分加起来，即可得出各部门在计算期的总效益现值。

"可分离费用——××法"主要是考虑分离费用这一思路的合理性，近年来国内外开始把这一思路推广应用于按库容（或用水量）比例、按分离费用比例、按净效益比例、接替代方案费用比例、按优先使用权等方法分摊剩余共用费用。

另外，在运用以上 5 种分摊方法时还应注意以下几个方面的问题：

1. 仅为某几项功能服务的工程设施，可先将这几项功能视为一个整体，参与总投资费用（或共用工程投资费用或剩余费用）的分摊，再将分得的投资费用在这几项功能之间进行分摊。

2. 综合利用水利枢纽投资分摊，得出分摊结果后还应根据分摊原则进行合理性检查。

3. 在任何一种分摊方法中涉及效益计算问题时，因为确定效益的方法与准则不同，将直接影响投资分摊的结果。在投资分摊工作中，涉及的效益较多，应注意区分不同的效益。

4. 效益计算采用统一的价格（如比较合理的影子价格或可比价格等）。

5. 在运用以上方法进行分摊时，如工程不涉及年运行费等则只分摊工程的固定资产投资，如果涉及年运行费等则就是投资费用的分摊，不管哪一种情况，其费用划分办法和分摊方法都是一样的。

【例 6-1】某综合利用水利工程具有发电、防洪、航运以及旅游、水产养殖等综合利用效益。枢纽工程由大坝、电站、船闸等组成，概算静态总投资 876629.23 万元，其中工程投资 792337.33 万元，水库淹没处理补偿费 84292 万元，详细概算资料见表 6-1，枢纽总库容为 45.80 亿 m³，根据所在流域规划，要求该枢纽 6 月、7 月预留 5 亿 m³ 防洪库容，试进行投资分摊。

表6-1某综合利用水利工程投资概算表　　　　　单位：万元

编号	工程或费用名称	建安工程费	设备购置费	独立费用	合计	占一至五部分/%
	第一部分　建筑工程	387012.00			387012.00	44.5
一	挡水工程	62341.28			62341.28	
二	溢洪道工程	100223.64			100223.64	
三	放空洞工程	16818.91			16818.91	
四	发电厂工程	91136.45			91136.45	
五	基础渗控及加固处理工程	47639.80			47639.80	
六	滑坡防治工程	13852.95			13852.95	
七	马岩高边坡防治工程	9131.56			9131.56	
八	危岩体工程	3803.51			3803.51	
九	内部观测	4785.00			4785.00	
十	交通工程	23920.00			23920.00	
十一	房屋建筑工程	4300.60			4300.60	
十二	其他工程	9059.00			9059.00	
	第二部分　机电设备及安装工程	13067.54	92877.64		105945.18	12.09
一	发电设备及安装工程	11856.86	61037.13		72893.99	
二	升压变电设备及安装	654.79	24190.62		24845.41	
三	其他设备及安装工程	555.89	7649.89		8205.78	
	第三部分　金属结构设备及安装工程	1664.62	13435.87		15100.49	1.72
一	溢洪道工程	545.54	4475.19		5020.73	
二	防空洞工程	309.22	2225.80		2535.02	
三	发电厂工程	756.88	6100.48		6857.36	
四	电力拖动	52.98	197.40		232.38	
五	闸门喷锌		455.00		455.00	
	第四部分　施工临时工程	132620.10			132620.10	15.13
一	施工交通工程	21939.61			21939.61	
二	施工供电系统	9849.43			9849.43	
三	施工供水系统工程	2580.00			2580.00	
四	施工供风系统工程	1000.00			1000.00	
五	施工通信工程	2750.00			2750.00	
六	砂石料生产系统工程	2460.00			2460.00	
七	混凝土拌合浇筑系统工程	3280.00			3280.00	

续表

编号	工程或费用名称	建安工程费	设备购置费	独立费用	合计	占一至五部分/%
八	导流工程	52447.47			52447.47	
九	施工期环境保护设施工程	1698.00			1698.00	
十	临时房屋建筑工程	17317.32			17317.32	
十一	其他房屋建筑工程	17298.27			17298.27	
	第五部分 独立费用			92966.76	92966.76	10.61
一	建设管理费			23173.18	23173.18	
二	生产准备费			1841.36	1841.36	
三	科研勘测费			45941.82	45941.82	
四	其他			22010.40	22010.40	
	第六部分 水库淹没处理补偿费				84292.00	9.62
	第七部分 基本预备费				58692.00	6.70
	静态总投资				876629.33	

解：1. 根据该枢纽具体情况，确定发电、防洪和航运部门参与投资分摊。

2. 共用工程和专用工程投资、可分投资和剩余投资计算。

（1）共用工程和专用工程投资划分：从枢纽工程概算表中，能够直接分离出来的水电站专项工程投资见表6-2。

表6-2 可直接分离的电站专用投资计算表　　　单位：万元

编号	工程或费用名称	金额
	第一部分 建筑工程	103141.03
一	发电厂工程	91136.45
二	基础渗控及加固处理工程	2398.02
三	交通洞石方洞挖	82.82
四	通风洞及吊物井石方洞挖	168.63
五	交通洞衬砌混凝土	307.56
六	通风洞及吊物井衬砌混凝土	291.20
七	围岩固结灌浆钻孔	78.16
八	围岩固结灌浆	1469.65
九	马岩高边坡防治工程	9131.56
十	交通工程	475.00
十一	重件码头	400.00
十二	厂房进口交通桥	75.00
	第二部分 机电设备及安装工程	97830.14

续表

编号	工程或费用名称	金额
一	发电设备及安装工程	72893.99
二	升压变电设备及安装工程	24845.41
三	厂房电梯	90.74
第三部分　金属结构及安装工程		6857.36
一	发电厂工程	6857.36
第四部分施工辅助工程		900.00
一	交通隧洞工程	900.00
第五部分　独立费用		1464.91
一	建设管理费（其中的联合试运转费）	42.40
二	生产准备费	1422.51
三	生产职工培训费	535.30
四	生产单位提前进厂费	887.21
一至五部分合计		210193.44

注：本表的编号是与枢纽概算表相对应的。

除了能够直接分离出来的水电站专用投资外，施工辅助工程中有部分投资也是水电站专用的，这部分投资可按照建筑工程中已经分离出来的水电站专用投资与建筑工程的比例来计算，结果为35104.14万元。

此外，其他费用中也有部分费用是水电站专用的，这部分投资可按已直接分离出来的发电专用投资与概算表中一至四部分之和的投资比例来计算，结果为29810.66万元。

以上三项投资之和为275108.24万元。

这部分投资的基本预备费为275108.24×8%=22008.66（万元）。

因此，发电专用静态投资为275108.24+22008.66=297116.90（万元），发电、防洪和航运共用投资为876629.23－297116.90=579512.33（万元）。

（2）可分投资和剩余投资划分：

枢纽的静态总投资为876629.23万元，如果不考虑防洪开发任务，即6月、7月水库不预留5亿 m^3，仅考虑发电任务，电站在达到同等发电效益的条件下，枢纽大坝高度可降低约2m，相应工程的静态投资（即发电部门的替代投资）约为867011.23万元，即防洪部门的可分投资为

$$K_{分（防洪）}=876629.23－867011.23=9618（万元）$$

如不考虑发电开发任务，仅考虑防洪任务，仅需修建一座能够拦蓄5亿 m^3 洪水的水库，大坝高度约为100m，相应的静态投资（即替代投资）约为84700万元，即发电部门的可分投资为

$$K_{分（发电）}=876629.23－84700=791929.23（万元）$$

则枢纽的剩余投资为

$$K_{剩} = K_{总} - \sum_{i=1}^{n} K_{分i} = 876629.23 - 9618 - 791929.23 = 75082（万元）$$

因通航建筑物投资在概算表中没有体现，整个工程也没有因有通航要求而改变工程规模，没有增加其他投资，因此，航运部门的可分投资为零。

分别采用枢纽指标系数法、效益比例分摊法、最优替代方案费用现值比例分摊法及可分离费用——剩余效益法。

1. 枢纽指标系数法

枢纽总库容为 45.80 亿 m³，其中预留 5 亿 m³ 防洪库容主要是为防洪服务的，考虑防洪使得汛后水库蓄满的可能性由 83.3% 降低为 70%，对发电效益有一定的影响。因此，可按发电、防洪占用库容的比例分摊共用工程投资。

正常蓄水位以上库容主要为防洪部门所用，相应投资由防洪部门承担。正常蓄水位 400.00m 以下的库容为 43.12 亿 m³，可分为三部分：（1）死水位 350.00m 以下的死库容 19.29 亿 m³；（2）防洪限制水位 391.80m 至死水位 350.00m 之间的部分兴利库容 18.83 亿 m³；（3）正常蓄水位 400.00m 至防洪限制水位 391.80m 之间的 5.00 亿 m³ 防洪库容。

经分析，防洪限制水位以下的库容主要由发电部门承担，考虑航运将会给当地带来很大的经济效益，综合其他方面考虑航运承担 3.5 亿 m³ 的库容。预留的 5 亿 m³ 防洪库容仅限制在 6 月、7 月内，其余月份发电部门仍可以使用。因此，5 亿 m³ 防洪库容应由防洪、发电部门按各自利用的时间共同承担。统计分析结果表明，防洪占用的时间比例为 0.213，发电占用的时间比例为 0.787。按求得的分摊比例分摊共用工程投资，计算结果见表 6-3。

表 6-3 枢纽指标系数法分摊结果表

序号	项目	发电	防洪	航运	合计	备注
1	死水位以下的库容/亿 m³	19.29	0		19.29	
2	防洪限制水位与死水位之间的库容/亿 m³	15.33	0	3.50	18.83	
3	防洪限制水位与正常蓄水位之间的库容/亿 m³	3.94	1.06		5.00	
4	正常蓄水位以上的库容/亿 m³		2.68		2.68	
5	各部门的分摊比例/%	84.17	8.12	7.64	100.00	
6	分摊的共用工程投资/万元	487797.30	47438.8	44276.21	579512.33	
7	应承担的总投资/万元	784914.20	47438.8	44276.21	876629.23	

2. 效益比例分摊法

采用效益比例法进行投资分摊，应该先计算枢纽工程的发电效益和防洪效益，再计算发电部门、防洪部门分摊的投资。折算时取生产期为 50 年，社会折现率 8%；以开始正常发挥效益年份为基准年（基准点在年初），发电效益按工程增加的有效电量和电量影子价格计算，防洪效益采用有无综合利用工程时减少的洪灾损失值表示，航运效益按修建完工以后的多年平均年效益计算效益现值。按求得的分摊比例分摊共用工程投资，计算结果见表6-4。

表6-4 效益比例分摊法计算结果表

序号	项目	发电	防洪	航运	合计	备注
	共用工程投资/万元				579512.33	
1	各部门效益现值/万元	2925800.00	130700.00	95000.00	3151500.00	
2	各部门分摊比例/%	92.84	4.15	3.01	100.00	
3	分摊的共用工程投资/万元	538009.57	24033.72	17469.04	579512.33	
4	应承担的总投资/万元	835126.50	24033.72	17469.04	876629.23	

3. 最优等效替代方案费用现值比例分摊法

拟定各受益部门的替代方案，计算其投资和年运行费用并折算成现值，经反复研究比较，确定本综合利用工程各部门的替代方案如下：

发电：采用凝汽式火电站替代。经计算该替代方案的费用现值为86.7亿元。

防洪：最优等效替代方案是在其下游枢纽原预留5亿m³防洪库容的基础上，再预留5亿m³防洪库容，经计算枢纽防洪部门的最优替代方案的费用现值为8.47亿元。

航运：其替代投资以淹没损失8.43亿元表示。根据各部门最优等效替代方案投资比例分摊工程总投资，计算结果见表6-5。

表6-5 最优等效替代方案费用现值比例分摊法计算表

序号	项目	发电	防洪	航运	合计	备注
	工程总投资/万元				876629.23	
1	替代方案费用/亿元	86.70	8.47	8.43	103.60	
2	各部门分摊比例/%	83.69	8.18	8.13	100.00	
3	应承担的总投资/万元	733651.00	71708.27	71269.96	876629.23	

4. 可分离费用——剩余效益法

采用可分离费用——剩余效益法对水利枢纽的投资进行分摊，需要先分析各部门的计算效益现值，然后计算各部门可分离和配套工程费用现值，计算各部门的剩余效益现值，再根据剩余效益的比例分摊枢纽的剩余投资，计算结果见表6-6。

表6-6 可分离费用——剩余效益法计算结果表

序号	项目	发电	防洪	航运	合计	备注
1	可分离投资/万元	791929.23	9618	0		
2	剩余投资/万元				7508	

序号	项目	发电	防洪	航运	合计	备注
3	可分离和配套工程费用/万元	320100	22700	21300		费用与效益计算口径对应一致
4	替代方案费用/万元	867000	84700	84300	1036000	
5	各部门效益现值/万元	2925800	130700	9500		
6	计算效益/万元	867000	84700	84300		min｛（4），（5）｝
7	剩余效益/万元	546900	62000	63000	671900	（6）－（3）
8	各部门分摊比例/%	81.4	9.23	9.37	100	（7）÷671900
9	分摊的剩余投资/万元	6111.21	692.81	703.98	7508	（8）×7508
10	应承担的总投资/万元	798040.40	10310.81	703.98	876629.23	（9）+（1）

从以上计算可以看出，采用不同的方法进行投资分摊，分摊的结果是有一定差别的。发电部门分摊的投资额为733651.00万～835126.50万元；防洪分摊的投资额为10310.81万～71708.27万元。航运分摊投资额为703.98万～71269.96万元。无论采用哪种分摊方法，发电、防洪分摊的投资均分别小于发电、防洪和航运部门的效益，并分别小于发电部门、防洪部门的最优替代工程的费用。这说明几种分摊方法分摊结果均符合合理性要求。四种分摊方法中，枢纽指标系数法应用发电防洪占用库容比例进行分摊，计算简单、直观、明确，可避免工程以外的一些指标计算不准带来的误差。该方法的主要缺点是没有考虑发电部门和防洪部门的效益，没有考虑投资效益在投资分摊中的影响。其他三种方法考虑了投资效益、替代工程费用等问题，理论上比较完整。但在实际工作中，防洪效益、替代费用、电价等通常很难准确计算，这往往影响了这三种方法的合理使用。应该再次说明的是，其中的可分投资——剩余效益法，分摊的是枢纽的剩余投资，它比共用投资要小得多，可缩小分摊误差，分摊结果比较合理。

第四节　投资费用分摊方法小结

对综合利用水利工程费用分摊的研究，一般可按以下步骤进行。

（一）确定参加费用分摊的部门

一个比较完整的综合利用水利工程的综合效益有防洪、发电、灌溉及城镇供水、航运、水产、旅游等，从一般原则上说，所有参加综合利用的部门都应参加费用分摊，但是由于参加综合利用的各部门在综合利用工程中所处的地位不同，如有的部门在综合利用工程中处于主导地位，对综合利用工程的建设规模和运行方式都有一定的要求；有的部门处于从属地位，对综合利用工程建设规模和运行方式都没有什么影响，主要是利用综合利用工程发挥本部门的效益；参加综合利用的各部门效益大小不同，效益发挥的快慢也不同。因此，不一定所有参加综合利用的部门都要参与费用分摊，应根据参加综合利用各部门在综合利用水利工程中的地位和效益情况，分析确定参加费用分摊的部门。

（二）划分费用和进行费用的折现计算

将综合利用水利工程的费用（包括投资和年运行费）划分为专用工程费用与共用工程费用，或可分离费用与剩余共用费用，并进行折现计算。

（三）确定采用的费用分摊方法

由于费用分摊问题十分复杂，涉及面广，到目前为止，还没有一种公认的可适用于各个国家和各种综合利用水利工程情况的费用分摊方法。因此，需根据设计阶段的要求和设计工程的具体条件（包括资料条件），选择适当的费用分摊方法。有条件时，可由各受益部门根据工程的具体情况共同协商本工程采用的费用分摊方法。对特别重要的综合利用水利工程，应同时选用2～3种费用分摊方法进行计算，选取较合理的分摊成果。

（四）进行费用分摊比例的计算

根据选用的费用分摊方法，计算分析采用的分摊指标，如各部门的经济效益、各部门等效替代工程的费用、各部门利用的水库库容、水量等实物指标等；再计算各部门分摊综合利用水利工程费用的比例和份额。当采用多种方法进行费用分摊计算时，还应对按几种方法计算的成果进行综合计算与分析，确定一个综合的分摊比例和份额。

（五）确定各部门分摊的费用以及在建设期内年度分配数额

根据分摊比例计算出参与分摊的各部分应承担的费用，为了满足动态经济分析的需要，还应研究各部门分摊费用在建设期内的年度分配数额，即费用流程。由于共用工程费用与各部门专用工程费用和配套工程费用的投入时间和年度分配情况都不相同。因此，不能按同一分摊比例估算各部门。在建设期内各年度的费用，应分别计算，其方法是：首先按各部门分摊比例乘以共用费用在建设期内各年度的费用数额，得到各部门各年度的共用费用数额，再加上本部门专用和配套工程费用在对应年度的费用数额，即为某部门分摊的费用在建设期各年度的数额。

综合利用水利工程各受益部门所分摊的费用，除应按照分摊原则分析其是否公平合理外，还应从以下各个方面进行合理性检查：

1. 任何部门所分摊的年费用（包括投资年回收值和年运行费两个方面）不应大于本部门最优替代工程的年费用。在某种情况下，某一部门所分摊的投资，有可能超过替代工程的投资（$K_i > K_替$），而分摊的年运行费可能小于替代工程（$U_i < U_替$）；在另一种情况下，可能出现（$U_i > U_替$），此时应调整 K_i 和 $K_替$，使总的分摊结果符合某部门所分摊总费用小于该部门最优等效替代工程的总费用的原则。

2. 当某个部门的效能因兴建本项目而受到影响时，为恢复其原有效能而采取的补救措施所需费用应由建设单位承担；超过原有效能而增加的工程费用，应由该部门承担。

3. 各受益部门所分摊的费用，不应小于因满足该部门需要所须增加的工程费用（即可分离费用），最少应承担为该部门服务的专用工程（包括配套工程）的费用。

4. 任意若干部门分摊的费用之和都应不大于这几个部门联合兴建这项综合利用工程的费用。

如果检查分析时发现某部门分摊的投资和年运行费不尽合理时，应在各部门之间进行适当调整。

第六章　水利工程经济分析

第一节　综合利用水利工程的投资费用分摊

一、概述

水利工程一般具有防洪、除涝、灌溉、城镇供水、水力发电、航道改善、水质改善、水库养殖和水利旅游等综合利用效益，有的水利工程具有上述一项效益，综合利用的水利工程则具有上述多项效益。

在过去一段时间内由于缺乏经济核算，整个综合利用水利工程的投资，往往由某一水利或水电部门负担，并不在各个受益部门之间进行投资费用分摊，结果常常发生以下几种情况：

（一）负担全部投资的部门认为

本部门的效益有限，而所需投资却较大，因而迟迟不下决心或者不愿意建设此项工程，使水利资源得不到应有的开发和利用，任其白白浪费。

（二）主办单位由于受到资金的限制

可能使综合利用水利工程的开发规模偏小，因而其综合利用效益得不到充分的发展。

（三）如果综合利用水利工程牵涉的部门较多

相互之间的关系较为复杂，有些不承担投资的部门往往提出过高的设计标准或设计要求，使工程投资不合理的增加，工期被迫拖延，不能以较少的工程投资在较短的时间内发挥较大的综合利用效益。

因此，综合利用水利工程的投资在各个受益部门之间进行合理分摊是势在必行，对综合利用水利工程进行投资分摊的目的，主要是：

（一）合理分配国家资金

正确编制国民经济发展规划和建设计划，保证国民经济各部门有计划按比例协调地发展。

（二）充分合理地开发和利用水利资源和各种能源资源

在满足国民经济各部门要求的条件下，使国家的总投资和运行费用最少。

（三）协调国民经济各部门对综合利用水利工程的要求

选择经济合理的开发方式和发展规模，分析比较综合利用水利工程各部门的有关参数或技术经济指标。

（四）充分发挥投资的经济效果

只有对综合利用水利工程进行投资和运行费用分摊，才能正确计算防洪、灌溉、水电、航运等部门的效益与费用，以便加强经济核算，制订各种合理的价格，不断提高综合利用水利工程的经营和管理水平。

国外对综合利用水利工程（一般称多目标水利工程）的投资分摊问题曾作过较多的研究，提出很多的计算方法。由于问题的复杂性，有些文献认为：直到现在为止，还提不出一个可以普遍采用的、能够被各方而完全同意的河流多目标开发工程的投资分摊公式，我国过去对这方面向题研究较少，亦缺乏投资分摊的实践经验。下面将介绍比较通用的投资分析方法和有关部门建议的费用分摊方法，并对各种分摊方法进行讨论。

二、综合利用水利工程的投资费用构成

综合利用水利工程一般包括水库、大坝、溢洪道、泄水建筑物、引水建筑物、电厂、船闸等建筑物，其投资构成可以大致分为下列两大类：

（一）是把综合利用水利工程的投资划分为共用建筑物投资和专用建筑物投资两大部分

水库和大坝等建筑物可以为各受益部门服务，其投资可列为共用投资；电厂、船闸、灌溉引水建筑物等由于专为某一部门服务，故其投资应列为专用投资。

（二）是把综合利用水利工程的投资划分为可分投资和剩余投资两大部分

所谓某一部门的可分投资，是指水利工程中包括该部门与不包括该部门的总投资之差值。

显然某一部门的可分投资，比它的专用投资要大一些，例如水电部门的可分投资除电厂、调压室等专用投资外，还应包括为满足电力系统调峰等要求而增大压力引水管道的直径，为满足最低发电水头和事故备用库容的要求而必须保持一定死库容所需增加的那一部分投资。

所谓剩余投资，就是总投资减去各部门可分投资后的差值。

在投资分摊计算中，尚需考虑各个部门的最优替代工程方案。所谓最优替代工程方案，是指同等满足国民经济发展要求的具有同等效益的许多方案中，选择其中一个在技术上可行的、经济上最有利的替代工程方案。

例如水电站的最优替代工程方案，在一般情况下是火电站或者核电站；水库对下

游地区防洪的最优替代工程方案，可能是在沿河两岸修筑堤防或在适当地区开辟蓄洪、滞洪区；地表水自流灌溉的最优替代工程方案，可能是在当地抽引地下水灌溉等。

在具体研究综合利用水利工程投资构成时，还会遇到许多复杂的情况，例如：

（一）天然河道原来是可以通航的

由于修建水利工程而被阻隔，为了恢复原有河道的通航能力而增加的投资，不应由航运部门负担，而应由其他受益部门共同承担，但是为了提高通航标准而专门修建的建筑物，其额外增加的费用则应由航运部门负担。

（二）溢洪道和泄洪建筑物及其附属设备的投资

占水利枢纽工程总投资的相当大的比重。上述建筑物的任务包括有两方面：一方面保证工程本身的安全，当发生超大洪水（例如千年一遇或万年一遇洪水）时，依靠泄洪建筑物的巨大泄洪能力而确保水库及大坝的安全；另一方面，对于一般洪水（例如 10 年一遇或 20 年一遇洪水），依靠泄洪建筑物及泄洪设备一部分的控泄能力就能确保下游河道的防汛安全。前一部分任务所需的投资，应由各个受益部门共同负担；后一部分任务所需增加的投资，则应由下游防洪部门单独负担。

（三）灌溉、工业和城市生活用水

常常需修建专用的取水口和引水建筑物，其所需的投资应列为有关部门的专用投资。当这些部门所引用的水量与其他部门用水（如发电用水）结合时，则在此情况下投资分摊计算比较复杂。

不论在上述何种情况下，一般认为任一部门所负担的投资，不应超过该部门的最优替代工程方案所需的投资，也不应少于专为该部门服务的专用建筑物的投资。

综上所述，综合利用水利工程的投资构成，一般可用式（7-1）表示为

$$K_{总} = K_{共} + \sum_{j=1}^{n} K_{专,j} \quad (j=1, 2, \cdots, n) \tag{7-1}$$

式中 $K_{总}$——工程总投资；

$K_{共}$——几个部门共同建筑物的投资；

$K_{专,j}$——第 j 部门的专用建筑的投资。

也可用式（8-2）表示为

$$K_{总} = K_{剩} + \sum_{j=1}^{n} K_{分,j} \quad (j=1, 2, \cdots, n) \tag{8-2}$$

式中 $K_{分,j}$——第 j 部门的可分离部分的投资（简称可分投资）；

$K_{剩}$——工程总投资减去各部门可分投资后所剩余的投资。

三、现行投资费用的分摊方法

（一）按各部门的主次地位分摊

在综合利用水利工程中各部门所处的地位并不相同，往往某一部门占主导地位，要求水利工程的运行方式服从它的要求，其他次要部门的工程运行时间则处在从属的

地位。

在这种情况下，各个次要部门只负担为本身服务的专用建筑物的投资或可分投资，其余部分的投资则全部由主导部门承担，这种投资分摊方法适用于主导部门的地位十分明确，工程的主要任务是满足该部门所提出的功能要求。

（二）按各部门的用水量分摊

综合利用水利工程中的各个部门，由水库引用的水量是各不相同的，但在一般情况下，某些部门的用水是完全结合的或者部分结合的，但也有不结合的。

例如冬季电力系统负荷较高，水电站常承担较多的峰荷，而灌溉此时并不用水，城市生活用水亦稍减少些，即此时发电用水与灌溉用水是不结合的，与城市用水是部分结合的。

春季灌溉用水量较多，水库泄水发电后即把尾水引入灌溉渠道内，在此情况下两者用水是完全结合的。

总之，各部门用水量亦可分为两部分：一部分是共用水量（或称结合水量）；另一部分是专用水量。因此，可以根据各部门所需调节水量的多少，按比例分摊共用建筑物的投资。至于专用建筑物的投资，则应由受益部门单独负担。

（三）按各部门所需的库容分摊

与上法相似，根据各部门所需库容的大小分摊共用建筑物的投资，专用建筑物的投资则由受益部门单独负担。但防洪库容与兴利库容在一般情况下，是能部分结合的，在某些情况下完全不能结合，也有个别情况两者完全结合，这要视洪水预报精度及汛后来水量与用水量等具体条件而定。

至于兴利库容，常为若干个兴利部门所共用，如按所需库容大小进行投资分摊，往往防洪部门所分摊的投资可能偏多，各个兴利部门所负担的投资可能偏小。实际上防洪库容也是为各个兴利部门服务的，因此这种按所需库容大小进行投资分摊也不尽合理。

（四）可分费用剩余效益法（SCRB）

欧美、日本等国家一般采用所谓"可分费用剩余效益法"（The Separable Costs — Remaining Benefits Method，SCRB法），其要点与计算步骤如下述：

1. 计算整个水利工程的投资、年费用和年平均效益，求出各部门的可分费用及其替代工程和专用工程的投资和年费用。

2. 确定本部门及其替代工程的投资年回收值时。

3. 效益估算一般可从以下三条途径估算：（1）减免的损失：从可减免洪、涝、旱等自然灾害造成的损失估算效益，如防洪可减少洪灾损失，提供工业用水可减免因缺水而减产、停产的损失等。（2）增加的收益：从可给社会带来的收益估算。如由于发展航运和提供电力，促进社会经济发展的收益，由于灌溉而增加农业产量等。（3）省的费用：从可减免替代措施节省的费用估算，如建设水电站，可节省火电、核电站的费用；发展灌溉，可节省进口农产品的费用等。

4. 有些作法在上述三者之中选较小者作为本部门的选用年效益。

5. 各部门的选用年效益减去其可分年费用，即得剩余效益，然后求出分摊百分比。

6. 整个水利工程的年费用，减去各个部门的可分年费用，即得各部门的剩余年费用。

7. 各部们的年运行费的分摊，亦按上述步骤求得。

8. 按上述步骤对各部门进行投资分摊，各部门的可分投资，加上所求得的剩余投资的分摊额，即得综合利用水利工程各部门应承担的投资额。

（五）合理替代费用分摊法

与上述 SCRB 法不同之处在于，本法用各部门专用工程的投资与年费用，代替上述的可分投资与可分年费用，其余计算方法与计算步骤与 SCRB 法基本相同。

合理替代费用分摊法与 SCRB 法的另一相似之处为：某一部门投资的最小分摊额，就是该部门的专用投资或可分投资；某一部门投资的最大分摊额，就是相应替代工程的投资。虽然合理替代费用分摊法的计算工作量较小些，但 SCRB 法用各部门的可分投资代替前者的专用投资，可以使投资分摊的误差尽可能减少至最低程度。

（六）有关部门常用的费用分摊方法

当设计的水利工程具有防洪、发电、灌溉、航运、供水等综合利用效益时，应在各有关部门之间进行费用分摊，建议根据具体情况按下列方法之一进行费用分摊：

1. 按各部门利用的水量或库容等指标分摊共用工程费用。

2. 按各部门获得效益现值的比例分摊共用工程费用。

3. 按各部门等效替代工程方案费用现值的比例分摊共用工程费用。

4. 按"可分离费用-剩余效益法"分摊剩余共用工程费用。

5. 按工程任务的主次关系分摊。当综合利用工程各部门之间的主次关系明显，主要部门的效益占工程总效益的比重较大时，可由主要受益部门承担大部分费用，次要部门只承担可其分离费用或专用工程费用。

下面重点介绍按各部门的效益比例分摊工程费用，各部门的效益一般用等效替代工程方案的费用表达，当不具备等效替代方案条件时，则可按各部门的效益现值的比例进行费用分摊。

替代工程方案的总费用（F），包括共用工程费用（F_0）、单独为某一部门使用而设置的专用设施费用（F_j^s）和与之相应的保证其正常受益的配套设施费用（F_j^c）等三部分所组成，即

$$F = F_0 + \sum_{j=1}^{x} F_j^s + \sum_{j=1}^{x} F_j^c \tag{7-3}$$

式中 j——第 j 个部门，j=1，2，…，x；

　　x——综合利用部门的组成数。

建议根据工程具体条件与计算要求，选用下列三种方法之一进行费用分摊。

1. 按效益比例分摊总费用：

$$F_j = F \frac{F_j^a}{\sum\limits_{j=1}^{x} F_j^a} \qquad\qquad (7-4)$$

2. 按剩余效益分摊共用工程费用：

$$F_j = F_0 \frac{F_j^a - F_j^s - F_j^c}{\sum\limits_{j=1}^{x}(F_j^a - F_j^s - F_j^c)} + F_j^s + F_j^c \qquad\qquad (7-5)$$

3. 按剩余效益分摊剩余费用（即总费用扣除可分离费用后的余额）：

$$F_j = \frac{F_j^a - \Delta F_j}{\sum\limits_{j=1}^{x}(F_j^a - \Delta F_j)}(F - \sum\limits_{j=1}^{x} \Delta F_j) + \Delta F_j \qquad\qquad (7-6)$$

式中 F_j^a——替代工程方案满足第 j 部门效益所需的费用；

F——综合利用工程的总费用；

ΔF_j——某部门的可分离费用，系指考虑第 j 部门受益与不受益时工程总费用的差值，也是第 j 部门至少应承担的费用。

$$\Delta F_j = F_{k+j} - F_k \qquad\qquad (7-7)$$

式（7-7）中 F_{k+j} 和 F_k 分别为包括第 j 部门和不包括第 j 部门效益时的工程总费用。最后须指出，当采用第 1 法进行费用分摊时，任一部门所承担的费用一般不应小于该部门的专用工程和配套设施费用之和，但也不得大于其替代工程的费用。当综合利用各部门的主次关系明显时，次要部门的效益所占的比重很小时，可只承担其可分离费用，其余则由主要部门承担。

分摊后的费用，如系投资和运行费的总和，其两者之间的分配，可采用各部门分摊的投资和运行费各占工程总投资和总运行费的同一比例，必要时可作适当调整。

四、对各种投资费用分摊方法的分析

采用各部门替代工程的费用作为本部门效益，然后按其比例进行费用分摊的原则，迄今仍为各国所普遍采用。用各部门的直接收益（例如电费收入、农产品销售收入等），作为本部门的效益，然后按其比例进行费用分摊，在我国目前情况下是较难实行的，主要因为某些产品的价格与价值存在一定的背离现象，此外，工农业产品之间还存在剪刀差。

一般说来，我国某些主要农产品价格偏低，用货币表示的效益人为地被缩小；某些工业产品的价格偏高，用货币计算出来的效益偏大。但从理论上说，从发展方向上看，根据各部门的效益按比例进行费用分摊的原则，仍然是我们努力的方向。

综合利用水利工程各受益部门所分摊的费用，除应从分摊原则分析其是否公平合理外，还应从下列各方面进行合理性检查：

（一）任何部门所分摊的年费用（包括投资年回收值和年运行费两方面）

不应大于本部门最优替代工程的年费用。

（二）各受益部门所分摊的费用

不应小于因满足该部门需要所须增加的工程费用，最少应承担为该部门服务的专用工程（包括配套工程）的费用。

如果检查分析时发现某部门分摊的投资和年运行费不尽合理时，应在各部门之间进行适当调整。

在综合利用水利工程各部门之间进行投资费用分摊，应该采用动态经济分析方法，即应该考虑资金的时间价值。根据实际情况，分别定出各部门及其替代工程的经济寿命（年）、折现率或基准收益率 i。

在初步设计阶段，对于重要的大型综合利用工程进行投资费用分摊时，尽可能采用按剩余效益分摊剩余费用法或 SCRB 法，虽然计算工作量稍大些，但此法使各部门必须分摊的剩余费用尽可能减小，有利于减少费用分摊的误差。

如果兴建水利枢纽而使某些部门受到损失，为此修建专用建筑物以恢复原有部门的效益，这部分工程所需的费用，应计入综合利用工程的总费用中，由各受益部门按其所得的效益进行费用分摊。

例如在原来可以通航的天然河道上，由于修筑大坝而使航运遭受损失，为此需修建过船建筑物，这部分费用应由其他受益部门分摊。但为了提高航运标准而额外增加各种专用设施，其所需费用应由航运部门负担。

筏运、渔业、旅游等部门一般可不参加综合利用工程的费用分摊，因为在水库内虽然可以增加木筏的拖运量，但却增加了过坝的困难。渔业、旅游业等在水库建设中多为附属性质，因此可不分摊综合利用工程的费用，只需负担其专用设施的费用即可。

应再次强调的是：为了保证国民经济各部门有计划按比例地发展，合理分配国家有限的资金；为了综合开发和利用各种水利资源，充分发挥其经济效益；为了不断提高综合利用工程的经营管理水平，进一步加强经济核算，对综合利用工程均须进行投资费用分摊，这是当前水利工程经济计算中要求解决的一个课题。

第二节　城镇水利工程供水价格及经济分析

一、概述

1949 年新中国成立以来，随着工业的迅速发展和城市人口的大量增加，近几年，全国百余个城市先后发生了较为严重的缺水，北京、天津以及滨海城市大连、青岛市均曾出现过供水十分紧张的局面，主要原因是我国北方地区水资源比较缺乏。

解决途径不外乎开源节流，一方面应大力采取各种节约用水措施，提高水的重复利用率；另一方面逐步建设跨流域调水工程，例如南水北调等工程。

城市用水主要包括生活用水（指广义生活用水）、工业用水、郊区农副业生产用水。生活用水主要指家庭生活、环境、公共设施和商业用水；工业用水主要指工矿企业在生产过程中用于制造、加工、冷却、空调、净化等部门的用水。据统计，在现代化大城市用水中，生活用水约占城市总用水量的30%～40%，工业用水约占60%～70%，现着重分析生活用水和工业用水。

（一）生活用水

随着城市人口的增加，生活水平的提高，城市生活用水平均每年递增3%～5%。在城市生活用水中，家庭生活用水量约占50%，机关、医院、宾馆、学校、商业等部门的用水量约占50%。目前我国城市生活用水量的标准还是比较低的，人均用水量约为60～100L/d，远远低于发达国家的人均用水量300～500L/d。

今后城市生活用水量的预测，可以现状为基础，适当考虑生活水平提高和人口增长等因素，拟定合理的用水标准进行估算。当缺乏资料时，可参照国家城建总局推荐的用水标准拟定，参阅表7-1。

表7-1 不同发展阶段的城市生活用水标准　　　　　　　　　单位：L/d

	现状	近期	远期
小城市（10万～50万人）	60～70	70～90	90～120
中城市（50万～100万人）	70～80	80～100	100～150
人城市（100万人以上）	80～120	120～180	180～250

（二）工业用水

根据工业生产中的用水情况，工业用水大体上可分为4类：

1. 冷却水。在工业生产过程中用来吸收多余的热量，以冷却生产设备的水称为冷却水。在火力发电、钢铁冶炼和化工等工业生产中的冷却用水量很大，在某些滨海城市大量采用海水作为冷却水，以弥补当地淡水资源的不足，在城市工业区冷却水量一般占工业总用水量的70%左右。

2. 空调水。空调水主要用以调节生产车间的温度和湿度。在纺织工业、电子仪表工业、精密机械工业生产中均需要较多的空调水。

3. 产品用水。产品用水包括原料用水和洗涤用水。原料用水是把水作为产品的原料，成为产品的组成部分，洗涤用水是把水作为生产介质，参与生产过程，水用过后即被排放出来，水中往往有许多杂质，对于污染比较严重的工业废水，必须进行水质处理，以确保城市环境卫生。

4. 其他用水。其他用水包括场地清洗用水、车间用水、职工生活用水等。

工业用水量是否合理的评价标准，一般有以下几种。

（1）单位产品的用水量。某些工厂单位产品的用水量常表示为：m^3/t钢，m^3/t纸等。国外先进工厂炼钢用水量一般为4～15m^3/t钢，国内钢厂用水量一般为40～80m^3/t钢，国内外吨钢用水量的差距还是比较大的。

（2）单位产值的用水量。这是一个综合用水量指标，我国广泛采用以万元产值的用水量（$m^3/$万元）表示，该指标与工业结构、生产工艺、技术水平等因素有关。据2002年全国水资源公报，万元国内生产总值平均用水量为537m^3，万元工业产值的用水置为241m^3，随着技术水平的提高，万元产值用水量将进一步降低。

（3）工业用水量重复利用率。提高工业用水的循环利用率，是节约用水和保护水源的有效措施。它比较科学地反映出各工厂、各行业用水的水平，又可以和别的部门、地区乃至与其他国家进行比较。应该指出，节约着很大的经济效益、环境效益和社会效益。随着城市的发展，新增水源及其供水工程的费用越来越高，而节约用水，提高用水有工业用水的重复利用率所需的投资，往往为新建供水工程投资的1/5～1/10。

此外节约用水还可以减少工业废水量和生活污水量，减少对环境的污染，因而其环境效益也是十分明显的。我国工业用水量重复利用率一般为60%～80%，今后将进一步提高。

二、城镇水利工程供水经济效益估算

城市供水效益主要反映在提高工业产品的数量和质量以及提高居民的生活水平和健康水平上。没有水，非但工业生产不能进行，人类也无法赖以生存。城市供水效益不仅仅是经济效益，更重要的具有难以估算的社会效益，目前尚无完善的计算方法。

根据 SL 72—94《水利建设项目经济评价规范》，城镇供水项目的效益是指有、无项目对比可为城镇居民增供生活用水和为工矿企业增供生产用水所获得的国民经济效益。其计算方法有以下几种。

（一）按举办最优等效替代工程或采取节水措施所需的年折算费用表示

为满足城镇居民生活用水和工业生产用水，往往在技术上有各种可能的供水方案，例如河湖地表水、当地地下水、由水库供水、从外流域调水或海水淡化等。该方法以节省可获得同等效益的替代措施中最优方案的年费用作为某供水工程的年效益。

（二）按曾因缺水使工业生产遭受的损失计算供水效益

在水资源贫乏地区，可按缺水曾使工矿企业生产遭受的损失计算新建供水工程的效益。在进行具体计算时，应使现有供水工程发挥最大的经济效益，尽可能使不足水量造成的损失最小，在由于供水不足造成减少的产值中，应扣除尚未消耗掉的原材料、燃料、动力等可变费用，这样因缺水所减少的净产值损失，才算作为新建供水工程的效益。

（三）根据供水在工矿企业生产中的地位采用工矿企业的净效益乘分摊系数计算

此法的关键问题在于如何确定分摊系数。一般采用供水工程的投资（或固定资金）与工矿企业（包括供水工程，下同）的投资（或固定资金）之比作为分摊系数，或者按供水工程占用的资金（包括固定资金和流动资金）与工矿企业占用资金之比作为分摊系数。

本方法仅适用于供水方案已优选后对供水工程效益的近似计算，否则会形成哪个方案占用资金（或投资）愈多，其供水效益愈大的不合理现象。

（四）在已进行水资源影子价格分析研究的地区可按供水量和影子水价的乘积表示效益

根据国家计委颁布的《建设项目经济评价方法与参数》，项目的效益是指项目对国民经济所作的贡献，其中直接效益是指项目产出物（商品水）用影子水价计算的经济价值。因此用影子水价与供水量计算供水工程的经济效益是可行的，有理论根据的。

存在的问题是由于商品水市场具有区域性、垄断性和无竞争性等特点，因此尚需研究相应的影子水价，当求出某地区的影子水价后即可根据供水工程的供水量估算其经济效益。

（五）现对上述各种供水效益计算方法进行如下的探讨

1. 最优等效替代工程法，适用于具有多种供水方案的地区。该方法能够较好地反映替代工程的劳动消耗和劳动占用，避免了直接进行供水经济效益计算中的困难，替代工程的投资与年运行费是比较容易确定和计算的，因此本方法为国内外广泛采用。

2. 工业缺水损失法，认为缺水曾使工业生产遭受的损失，可由新建的供水工程弥补这个损失，以此算作为新建工程的效益，关键问题在于如何估算损失值，由于缺水，工厂企业不得不停产、减产，因一部分原材料、燃料、动力并不需要投入，因此减产、停产的总损失值应扣除这部分后的余额，才是缺水减产的损失值。

在水资源缺乏地区，当供水工程不能满足各部门的需水要求时，可按产品单位水量净产值的大小进行排队，以便进行水资源优化分配，使因缺水而使工业生产遭受的损失值最小。如可能，应找出缺水量与工矿企业净损失值的相关关系，求出不同供水保证率与工业净损失值的关系曲线，由此求得的期望损失值作为新建供水工程的年效益更为合理些。

3. 分摊系数法，认为按供水在生产中的地位分摊总效益，求出供水效益。现在把供水工程作为整个工矿企业的有机组成部分之一，按各组成部分占用资金的大小比例确定效益的分摊系数。此法没有反映水在生产中的特殊重要性，没有体现水利是国民经济的基础产业，因此用此法所求出的供水效益可能是偏低的。

由于上述计算供水效益的几种方法均存在一些问题，应根据当地水资源特点及生产情况与其他条件，选择其中比较适用的计算方法。

由于天然来水的随机性，丰水年供水量多，城市需水量并不一定随之增加，甚至有可能减少，枯水年情况可能恰好相反，因此应通过调研，根据统计资料求出供水效益频率曲线，由此求出各种保证率的供水量及其供水效益。

附带说明，在国民经济评价阶段，应按影子价格计算供水工程的经济效益；在财务评价阶段，应按财务价格及有关规定计算供水工程实际财务收益。

三、水利工程供水价格的制定

2003年7月，国家发展和改革委员会与水利部联合制定了《水利工程供水价格管理办法》（以下简称《水价办法》），《水价办法》明确规定，水利工程供水价格是指供水经营者通过拦、蓄、引、提等水利工程设施销售给用户的天然水价格，同时规范了水价构成，明确水价由供水生产成本费用、利润和税金构成。现分述于下。

（一）供水生产成本费用

供水生产成本费用如按经济用途分类，则包括生产成本和生产费用，即

$$供水生产成本费用=供水生产成本+供水生产费用 \tag{7-8}$$

供水生产成本费用如按经济性质分类，则包括固定资产的折旧费、无形资产及递延资产的摊销费、借贷款利息净支出以及年运行费。

供水生产成本是指正常供水生产过程中发生的直接工资、直接材料、其他直接支出以及制造费用等构成，即

$$供水生产成本=直接工资+直接材料费+其他直接支出+制造费用 \tag{7-9}$$

式中，直接工资是指直接从事生产运行人员的工资、奖金、津贴、补贴以及社会保险支出等；直接材料费是指生产运行过程中实际消耗的原材料、辅助材料、备品配件、燃料、动力费等；其他直接支出是指直接从事生产运行人员的职工福利费以及供水工程的观测费、临时设施费等；制造费用包括固定资产的折旧费、保险费、维护修理费（包括工程维护费和库区维护费）、水资源费、办公费等。

（二）供水生产费用

供水生产费用是指为组织和管理供水生产、经营而发生的合理销售费用、管理费用和财务费用，统称期间费用。其构成如下：

$$供水生产费用（期间费用）=销售费用+管理费用+财务费用 \tag{7-10}$$

式中，销售费用是指在供水销售过程中发生的各项费用，包括运输费、包装费、保险费、广告费等；管理费用是指行政管理部门为组织和管理生产经营活动所发生的各项费用；财务费用是指为筹集生产经营所需资金而发生的费用，包括汇兑净损失、金融机构手续费以及筹资发生的其他财务费用。

（三）各类用水生产成本费用分摊系数计算

综合利用水利工程一般具有除害（例如防洪等）、兴利（例如供水、发电等）两大功能。工程投资及其生产成本费用，根据《水利工程管理单位财务制度》规定，可采用库容比例法在除害兴利两大部门之间进行分摊。

四、税金

税金是指按国家税法规定应交纳并可计入水价的税金。根据我国税收法规，供水经营者应交纳行为税、流转税和所得税，但其中部分税种可以减免。现分述于下：

（一）行为税中的房产税

车船使用税、印花税等，均应交纳，并应计入水价。

（二）流转税一般包括营业税和增值税

国家税务总局明确规定，"供应和开采未经加工的天然水，不征收增值税"，此外，规定农业的排泄水免征营业税。

（三）所得税按规定无论供水经营者的性质是企业还是事业

其供水生产实现的利润都应计算所得税，可将相应税金计入供水价格。

《水价办法》规定，利润是指供水经营者从事正常供水生产经营所应获得的合理收益。供水经营者的合理利润，是指交纳所得税后的净利润。供水利润的基本计算公式为

$$供水利润=供水资金占有量×资金利润率 \qquad (7-11)$$

$$或\quad 供水利润=供水净资产×资金利润率 \qquad (7-12)$$

式中，净资产包括实收资本（或者股本）、资本公积金、盈余公积金和未分配利润等；供水净资产是将工程净资产中非供水部分（包括防洪、发电等）分摊出去，剩下单独用于"供水"的净资产。

核定供水利润的方法有两种：一是按资本金（即资金占有量，包括固定资金与流动资金两部分）的利润率确定；二是按净资产利润率确定。《水价办法》规定，利润率按高于同期银行贷款利率2～3个百分点核定，例如当前银行长期贷款利率为6%，则供水资金的利润率为8%～9%。

五、供水价格核定

《水价办法》规定，水利工程供水价格按照补偿成本、合理收益、优质、优价、公平负担的原则制定，并根据供水成本费用和市场供求的变化情况适时调整。一般商品价格不能低于生产成本费用，否则就要赔本，再生产就难以为继。所以，商品价格必须高于生产成本费用，这样才能补偿物质消耗和劳动报酬支出，才能维持简单再生产，水利工程供水价格除考虑补偿生产成本费用外，还要计入税金和利润，即

$$供水价格=供水成本费用+税金+利润 \qquad (7-13)$$

在核定水价之前，要认真学习、领会《水价办法》对水价核定的原则和要求，收集有关资料，调阅、对比该供水工程各年的供水成本、费用、利润和税金。

如均在正常生产情况下，在核定水价时可采用最近几年的发生数进行计算；然后核定农业、城镇生活和工业以及水力发电的定额用水量、供水保证率以及实际年平均用水量。如有多年资料（一般不少于10年），应尽量采用，否则按实测资料计算；如无实测资料，则按实际用水量和设计保证率计算。

第三节 防洪工程经济分析

一、洪水灾害的类型及防洪措施

洪水灾害（flood disaster）是指洪水给人类生活、生产与生命财产带来的危害与损失。主要是指河流洪水泛滥成灾，淹没广大平原和城市；或者山区山洪暴发，冲毁和淹没上地村镇和矿山；或者由洪水引起的泥石流压田毁地以及冰凌灾害等，均属洪水灾害的范畴。在我国，比较广泛而又影响重大的是平原地区的洪灾，对我国经济发展影响很大，是防护的重点。

洪水灾害是我国发生频率高、危害范围广、对国民经济影响最为严重的自然灾害，亦是威胁人类生存的十大自然灾害之一。

如 1975 年 8 月上旬受 3 号台风影响，河南省西南部山区的驻马店、南阳、许昌等地区发生了我国大陆上罕见特大暴雨，暴雨中心林庄最大 24h 雨量 1060.3mm，连续 3 天雨量 1605.3mm 的特大洪水（以下简称"75.8"暴雨洪水），致使两座大型水库垮坝，下游 7 个县城遭到毁灭性灾害。

1981 年 7～8 月四川盆地受灾农作物约 100 多万 hm²；倒塌房屋约 100 多万余间；死亡人数：1358 人；受伤人数：28140 人。

1982 年 6～8 月中旬江南及淮河流域农田受灾约 400 多万 hm²；倒塌、损坏房屋约 50 万余间；死亡人数：900 多人；受伤人数：6000 多人。

1983 年 6 月中旬至 7 月中旬长江中下游地区农田受灾约 439 万 hm²；倒塌、损坏房屋约 164 万余间；死亡人数：920 余人；受伤人数：2800 人。

洪水灾害，按洪水特性可分为主要由洪峰造成的和主要由洪量造成的洪水灾害；按漫、决堤成灾的影响，可分为洪水漫决后能自然归槽只危害本流域的洪水灾害，和不能归危害其他流域的洪水灾害；按洪水与涝水的关系，可分为纯洪水灾害和先涝后洪或洪涝交错的混合型洪水灾害。

防洪是指用一定的工程措施或其他综合治理措施，防止或减轻洪水的灾害。在与自然的斗争中，人们早已掌握若干不同的防洪措施。

但随着人类社会的发展和进步，这些工程措施现在更趋于完善和先进，效益更为显著，并由单纯除害发展为除害与兴利相结合的综合治理工程措施。

防治洪水的措施，可分为两大类：第一类是治标性的措施，这类措施是在洪水发生以后设法将洪水安全排泄而减免其灾害，其措施主要包括：堤防工程、分洪工程、防汛、抢险及河道整治等。第二类是治本性的措施，其中一类是在洪水未发生前就地拦蓄径流的水土保持措施，另一类是具有调蓄洪水能力的综合利用水库等。

堤防工程是在河流两岸修筑堤防，进一步增加河道宣泄洪水的能力，保护两岸低地，这种措施最古老，也最广泛采用，在现阶段仍不失为防御洪灾的一种重要措施。例如我国黄河下游两岸大堤及长江中游的荆江大堤等。

分洪工程是在河流上（一般是在中、下游）适当地点修建分洪闸，引洪道等建筑物，将一部分洪水分往别处，以减轻干流负担。例如黄河下游的北金堤分洪工程及长江中游的荆江分洪工程等。

河道整治也是增加河道泄洪能力的一种工程措施，其内容包括：拓宽和疏浚河道，裁弯取直，消灭过水卡口，消除河道中障碍物以及开辟新河道等。

水土保持是防治山区水土流失，从根本上消除洪水灾害的一项措施。水土保持分为坡面和沟壑治理两方面，一般需要采用农、林、牧及工程等综合措施。水土保持不但能根治洪水，而且能蓄水保土，有利于农业生产，是发展山区经济的一种重要措施。

蓄洪工程是在干、支流的上、中游，兴建水库以调蓄洪水，这种措施不但从根本上控制下游洪水的灾害，而且与发电、灌溉、供水及航运发展等结合，是除害兴利、综合利用水资源的根本措施。

除上述各项工程措施外，亦可采用"非工程防洪措施"，这是指在受洪水威胁的地区，采用一水一麦、种植高秆作物、加高房基等防御洪水的措施，或者加强水文气象预报，及时疏散受洪水威胁地区的人口，甚至有计划采取人工决口等措施，尽可能减轻洪水灾害及其损失。

防洪措施，常常是上述若干措施的组合，包括治本的和治标的、工程性和非工程性的措施，通过综合治理，联合运用，尽可能减免洪水灾害，并进一步达到除害兴利的目的。

二、防洪工程经济分析的特点及其内容

洪水灾害的最大特点，是洪水在时间出现上具有随机分布的特性。年内或年际间不同频率洪水的差别很大，相应的灾情变化亦很大，在大多数情况下，一般性的或较小的洪水虽然经常出现，但并不具有危害性或危害性较小，特大洪水则危害性甚大，甚至影响本区域或全国的经济发展计划。

洪灾损失亦分直接损失和间接损失两方面，有的能用实物和货币表达，有的则不易用货币表达。在能用实物或货币表达的损失中，不少也难以估计准确。因此洪灾损失的计算，由于考虑的深度和广度不同，可能有很大差别。

在受洪水威胁的范围内，无论农、工、商业和其他各种企业的动产与不动产，无论是个人的、集体的和国家的财产，随着国民经济的发展均在逐年递增，其数量和质量均在不断变化。因此，即使同一频率的洪水，发生在不同年份其损失也不一样，有随时间变化的特性。

洪水灾害的大小，与暴雨大小、雨型分布、工程标准等因素有关。在洪灾损失中，有些可以直接估算出来，而另有一些损失如人民生命安全、对生产发展的影响等，一般难以用实物或货币直接估算。

能用实物或货币计算的损失，按受灾对象的特点和计算上的方便，一般可以考虑以下几个方面：

（一）农产品损失

洪水泛滥成灾，影响作物收成，农作物遭受自然灾害的面积，称作受灾面积，减产30%以上的称作成灾面积。一般可将灾害程度分为四级：毁灭性灾害，作物荡然无存，损失100%；特重灾害，减产大于80%；重灾害，减产50%～80%；轻灾害，减产30%～50%。

在估算农作物损失时，为了反映其价值的损失，有人建议采用当地集市贸易的年平均价格计算；亦有人提出用国际市场价格计算，再加上运输费用及管理损耗等费用。在计算农作物损失时，秸秆的价值亦应考虑在内，可用农作物损失的某一百分数表示。

（二）房屋倒塌及牲畜损失

在计算这些损失时，要考虑到随着整个国民经济及农村经济的发展，房屋数量增多，质量提高，倒塌率降低，倒塌后残余值回收率增大等因素。

（三）人民财产损失

城乡人民群众的生产设施，如机具、肥料、农药、种子、林木等；以及个人生活资料，如用具、粮食、衣物、燃料等因水淹所造成的损失，一般可按某一损失率估算。20世纪50年代在淮河流域规划时，曾拟定过损失率：长期浸水为25%～50%，短期浸水为5%～25%等。

（四）工矿、城市的财产损失

包括城市、工矿的厂房、设备、住宅、办公楼、社会福利设施等不动产损失以及家具、衣物、商店百货、交通工具、可移动设备等动产损失。

在考虑损失时，对城市、工矿区的洪水位、水深、淹没历时等要详细调查核定，并要考虑设备的原有质量、更新程度、洪水来临时转移的可能性、水毁后复建性质等因素，以确定损失的种类、数量及其相应的损失率，不能笼统地全部按原价或新建价折算成为洪灾损失。

城市、工矿企业因水灾而停工停产的损失，亦不应单纯按产值计算，一般只估算停工期间工资、管理、维修以及利润和税金等损失，而不计入原材料、动力、燃料等消耗。

（五）工程损失

洪水冲毁水利工程，如水库、水电站、堤防、涵闸、桥梁、码头、护岸、渠道、水井、排灌站等；冲毁交通运输工程，如公路、铁路、通信线路、航道船闸等；冲毁公用工程，如输电高压线、变电站、电视塔、自来水设施、排水设施以及淤积下水道等。所有上述各项工程损失，可用国家和地方拨付的工程修复专款来估算。

（六）交通运输中断损失

包括铁路、公路、航运、电信等因水毁中断，客、货运被迫停止运输所遭受的损失。特别是铁路中断，对国民经济影响甚大，这主要包括：

1. 线路修复费。在遭遇各种频率洪水时可按不同工程情况，估算铁路损坏长度，再以单位长度铁路造价的扩大指标进行估算。

2. 客、货运费的损失。估算不同频率洪水时运输中断的天数、设计水平年或计算基准年的客、货运量、加权运距等，再按运价、票价、运输成本等计算运输损失值。

3. 间接损失。关于铁路中断引起的间接损失，有一种情况是工矿企业的原材料、产品不能及时运进、运出，对生产和消费产生一系列的连锁反应，但这样考虑的范围很广，任意性很大。

另一种情况是工矿企业和其他行业所需的原材料、物资等商品，一般均有储备，当铁路中断时，可动用储备。目前国外一般是用绕道运输的办法来完成同样的运输任务，以绕道增加的费用来计算铁路中断损失。也可以考虑按停掉那些占用运输量大、产值利润小的企业损失来计算。

7. 其他损失。包括水灾后国家和地方支付的生产救灾、医疗救护、病伤、抚恤等经费，洪水袭击时抗洪抢险费用，堤防决口、洪水泛滥、泥沙毁田、淤塞河道及排灌设施和土地地力恢复等损失费用。

三、防洪工程经济分析的内容和计算步骤

防洪的目的，是要求采用一定的工程措施防止或减少洪水灾害，其所减少的灾害损失就是防洪工程的效益。

对一条河流或一个区域而言，防止或减少洪灾的措施，常常有很多可能的方案可供选择。它们的投资、淹没占地、防洪能力、综合效益以及对环境的影响等均不尽相同。在一定的条件下，需要比较分析不同方案的可能性和合理性。

防洪工程经济分析的内容和任务，就是对技术上可能的各种措施方案及其规模进行投资、年运行费、年平均效益等经济分析计算，并综合考虑其他因素，确定最优防洪工程方案及其相应的技术经济参数和有关指标。

不同的防洪标准，不同的工程规模，不同的技术参数，均可视为经济分析计算中的不同方案。

防洪工程经济分析的计算步骤是：

（一）根据国民经济发展的需要与可能

结合当地的具体条件，拟定技术上可能的各种方案，并确定相应的工程指标。

（二）调查分析并计算各个方案的投资

年运行费、年平均效益等基本经济数据。其中：

1. 防洪工程投资。这主要指主体工程、附属工程，配套工程、移民安置费用以及环境保护、维持生态平衡所需的投资。分洪滞洪工程淹没耕地和迁移居民，如果是若干年才遇到一次，且持续时间不长，则可根据实际损失情况给予赔偿，可不列入基建投资，而作为洪灾损失考虑。

2. 防洪工程的年运行费。这主要包括工程运行后每年须负担的岁修费、大修费、防汛费等项。一般岁修费率为防洪工程固定资产值的 0.5%～1.0%，大修理费率为 0.3%～0.5%，两者合计为 0.8%～1.5%。防汛费是防洪工程的一项特有费用，与防洪水位、工程标准、防汛措施等许多因素有关，一般随工程防洪标准的提高而减少。此外，年运行费还包括库区及工程的其他维护费、材料、燃料及动力费、工资及福利费等。

3. 分析计算各个方案的主要经济效果指标及其他辅助指标，然后对各个方案进行经济分析和综合评价，确定比较合理的可行方案。

四、防洪工程的经济效益

防洪工程的效益，与灌溉或发电工程的效益不同，它不是直接创造财富，而是把因修建防洪工程而减少的洪灾损失作为效益。因此，防洪工程效益只有当遇到原来不能防御的大洪水时才能体现出来。如果遇不上这类洪水，效益就体现不出来，有人称这种效益为"潜在效益"。

防洪工程从防御常遇洪水提高到防御稀遇洪水所需工程规模及其投资和年运行费等，均要相应大幅度地增加，虽然遇上稀遇洪水时一次防洪效益很大，但因其出现机

会稀少，因此若按其多年平均值计算，比起防御常遇洪水所增加的效益可能并不很大。但工程修建后，若很快遇上一次稀遇大洪水，其防洪效益可能比工程本身的投资大若干倍；若在很长时间内甚至在工程有效使用期内遇不到这种稀遇洪水，则长期得不到较大的防洪效益，就形成投资积压，每年还得支付防汛和运行管理费等。因此，防洪效益分析是一个随机问题，具有不确定性和不准确性。

洪灾损失与淹没的范围、淹没的深度、淹没的历时和淹没的对象有关，还与决口流量、行洪流速等有关，这些因素是估计洪灾损失的基本资料。

不同频率洪水的各年损失不同，一般在经济分析中要求用年平均损失值衡量，因此需要计算工程修建前后不同频率洪水的灾害损失，求出工程修建前后的年平均损失差值。

洪灾损失一般可通过历史资料对比法和水文水利计算法确定，具体计算步骤和内容如下：

（一）洪水淹没范围

根据历史上几次典型洪水资料，通过水文水利计算，求出兴建防洪工程前后河道、分蓄洪区、淹没区的水位和流量，由地形图和有关淹没资料，查出防洪工程兴建前后的淹没范围、耕地面积、迁移人口以及淹没对象等。

在进行水文水利计算时，要考虑防护地区的具体条件，如河道、地形特点，拟定防洪工程（如水库，分蓄洪工程）的控制运用方式，堤防决口、分蓄洪区行洪的水力学条件等，作为计算依据。这种方法现已被广泛应用，其优点是能进行不同方案各种典型洪水的计算，同时能考虑各种具体条件，其缺点是工作量大，有些假定可能与实际有较大的出入。

（二）水灾损失率

目前此值都是通过在本地区或经济和地形地貌相似的其他地区对若干次已经发生过的大洪水进行典型调查分析后确定的。

（三）洪灾损失计算

洪灾损失包括农业、林业、工程设施、交通运输以及个人、集体、国家财产等损失，通常根据受淹地区典型调查材料，确定淹没损失指标，一般用每亩综合损失率表示，然后根据每亩综合损失率指标和淹没面积，确定洪灾损失值。

由于调查的是各种典型年的洪灾损失，防洪的年平均效益则为防洪措施实施前的年平均损失，减去防洪措施实施后的年平均损失，一般采用频率曲线法计算。

洪水成灾面积及其损失，与暴雨洪水频率等有关，因此必须对不同频率的洪水进行调查计算，以便制作洪灾损失频率曲线，从而求算年平均损失值。

第四节　治涝工程经济分析

一、涝沥灾害

农作物在正常生长时，植物根部的土壤必须有相当的孔隙率，以便空气及养分流通，促使作物生长。地下水位过高或地面积水时间过长，土壤中的水分接近或达到饱和的时间超过了作物生长期所能忍耐的限度，必将造成作物的减产或萎缩死亡，这就是涝沥灾害。因此搞好排水系统，提高土壤调蓄能力，也是保证农业增产的基本措施。

平原地区的灾害，常常是洪、涝、渍、旱、碱灾交替发生，当上游洪水流经平原因超过河道宣泄能力而决堤引起洪灾。若暴雨后出于地势低洼平坦，排水不畅或因河道排泄能力有限，或受到外河（湖）水位顶托，致使地面长期积水，造成作物淹死，是为涝灾。

成灾程度的大小，与降雨量多少、外河水位的高低及农作物耐淹程度、积水时间长短等因素有关，这类灾害可称为暴露性灾害，其相应的损失称为涝灾的直接损失。

有的由于长期阴雨和河湖长期高水位，致使地下水位抬高，抑制农作物生长而导致减产，是为渍灾，或称潜在性灾害，其相应损失称为涝灾的间接损失。在土壤受盐碱威胁的地区，当地下水位抬高至临界深度以上，常易形成土壤盐碱化，造成农作物受灾减产，是为碱灾。

北方平原例如黄淮海某些地区，由于地势平坦，夏伏之际暴雨集中，常易形成洪涝灾害；如久旱不雨，则易形成旱灾；有时洪、涝、旱、碱灾害伴随发生，或先洪后涝，或先涝后旱，或洪涝之后土壤发生盐碱化。

因此对其必须坚持洪、涝、旱、碱灾综合治理，才能保证农业高产稳产。

治涝必须采取一定的工程措施，当农田中由于暴雨产生多余的地面水和地下水时，可以通过排水网和出口枢纽排泄到容泄区（指承泄排水的江、河、湖泊或洼淀等），其目的为及时排除由于暴雨所产生的地面积水，减少淹水时间及淹水深度，不使农作物受涝；并及时降低地下水位，减少土壤中的过多水分，不使农作物受渍。

在盐碱化地区，要降低地下水位至土壤不返盐的临界深度以下，达到改良盐碱地和防止次生盐碱化。当条件允许时，尚应发展井灌、井渠，可综合控制地下水位，在干旱季节则可保证必要的农田灌溉。

二、治理标准

修建治涝工程，减免涝、渍、碱灾害，首先要确定治理标准，现分述于下。

（一）治涝标准

治涝工程的设计，必须根据遇旱有水、遇涝排水、改良土壤，达到农业高产稳产的要求。考虑涝区的地形、土壤、水文气象、涝灾情况、现有治涝措施等因素，正确处理大中小、近远期、上下游、泄与蓄、自排与抽排以及工程措施与其他措施等关系，合理确定工程的治涝任务和选择治涝标准。

治涝设计标准一般应以涝区发生一定重现期的暴雨而不受灾为准，重现期一般采用5～10年。条件较好的地区或有特殊要求的棉粮基地和大城市郊区，可以适当提高标准。条件较差的地区，可采取分期提高的办法。

治涝设计中除应排除地面涝水外，还应考虑作物对降低地下水位的要求。

我国各地区降雨特性不同，应根据当地的自然条件、涝渍灾害、工程效益等情况进行经济分析，合理选择治涝标准。

（二）防渍标准

防渍标准是要求地下水位在降雨后一定时间内下降到作物的耐渍深度以下。作物耐渍的地下水深度，因气候、土壤、农作物品种、不同的生长期而不同，应根据试验资料而定。

（三）防碱标准

治碱措施可分为农业、水利、化学等改良盐碱地措施。水利措施主要是建立良好的排水系统，控制地下水位，不使土壤返盐的地下水深度，常被称为地下水的临界深度。

三、治涝工程经济分析的特点

治涝工程具有除害的性质，工程效益主要表现在涝灾的减免程度上，即与工程有、无对比在修建工程后减少的那部分涝灾损失，即为治涝工程效益。在一般情况下，涝灾损失主要表现在农田减产方面。只有当遇到大涝年份，涝区长期大量积水时，才有可能发生房屋倒塌，工程或财产损毁等情况。涝灾的大小与暴雨发生的季节、雨量强度、积涝水深、历时、作物耐淹能力等许多因素有关。

计算治涝工程效益或估计工程实施后灾情减免程度时，均须作某些假定并采用简化方法，根据不同的假定和不同的计算方法，其计算结果可能差别很大。因此在进行治涝经济分析时，应根据不同地区的涝灾成因、排水措施等具体条件，选择比较合理的计算分析方法。

治涝工程效益的大小，与涝区的自然条件、生产水平关系甚大。自然条件好、生产水平高的地区，农产品产值大，受灾时损失亦大，但治涝后效益也大；反之，原来条件比较差的地区，如治涝后生产仍然上不去，相应工程效益也就比较小。

此外，规划治涝工程时，应统筹考虑除涝、排渍、治碱、防旱等问题，只有综合治理，才能获得较大的综合效益。

四、治涝工程经济分析的任务与步骤

（一）治涝工程经济分析的任务

就是对治涝规划区选择合理的治涝标准、工程规模和治涝措施。对于已建的治涝工程，亦可提出进一步提高经济效果的建议。

（二）治涝工程经济分析的步骤

1. 根据治涝任务，拟定技术上可行的、经济上合理的若干个比较方案。

2. 收集历年的雨情、水情、灾情等基本资料，分析治涝区致涝的原因。

3. 计算各个方案的投资、年运行费和年效益以及其他经济指标。

4. 分析各个方案的经济效果指标、辅助指标及其他非经济因素；经济效果指标有：效益费用比、内部收益率、经济净现值等；辅助指标有：年平均减涝面积、工程占地面积、盐碱化地区的治碱面积等。

5. 对各个比较方案进行国民经济评价，并进行敏感性分析。

进行经济分析时，应注意各个方案的条件具有可比性，基本资料、计算原则、研究深度应具有一致性，并以国家有关的方针、政策、规程和规范作为准绳。

五、治涝工程的投资和年运行费

（一）投资计算

治涝工程的投资，应包括使工程能够发挥全部效益的主体工程和配套工程所需的投资，主体工程一般为国家基建工程，例如输水渠、排水河道、容泄区以及有关的工程设施和建筑物等。

配套工程包括各级排水沟渠及田间工程等，一般为集体筹资，群众出劳力，应分别计算投资。对于支渠以下及田间配套工程的投资，一般有两种计算方法：

1. 根据主体工程设计资料及施工记载，对主体及附属工程进行投资估算；当有较细项目的基建投资或各基层的用工、用料记载的，则可进行统计分析计算。

2. 通过典型区资料，按扩大指标估算投资。

（二）年运行费计算

治涝工程的年运行费，是指保证工程正常运行每年所需的经费开支，其中包括维护费（含定期大修费）、河道清淤维修费、燃料动力费、生产行政管理费、工作人员工资等。

由于排涝工程面广，加上历来的"重建轻管"思想，不少地方河渠失修，淤积严重，建筑物及设备维护不善，明显地降低了工程寿命，增加了大修费用，使年运行费用大量增加，因此对除涝工程必须加强管理，做好经常性维修工作。

关于治涝工程的年运行费，可根据工程投资的一定费率进行估算，可参考有关规程的规定。

六、治涝工程的经济效益

治涝工程的效益，已如上述是以修建工程措施后可减少的涝灾损失值表示的。涝灾的损失主要是农作物的减产损失可通过内涝积水量法、实际年系列法、暴雨笼罩面积法等计算求出。

七、治渍、治碱效益估算

治涝工程往往对排水河道采取开挖等治理措施，从而降低了地下水位，因此，同时带来了治碱、治渍效益。当地下水埋深适宜时，作物的产量和质量都可以得到提高，从而达到增产效益，其估算方法如下：

（一）首先把治渍、治碱区划分成若干个分区

调查无工程各分区的地下水埋深情况、作物种植情况和产量产值收入等情况，然后分类计算各种作物的收入、全部农作物的总收入和单位面积的平均收入。

（二）拟定几个治渍、治碱方案

分区控制地下水埋深，计算各地下水埋深方案的农作物收入、全区总收入，其与无工程总收入的差值，即为治渍、治碱效益。

第五节　灌溉工程经济分析

一、灌溉工程类型

灌溉工程按照用水方式，可分为自流灌溉和提水灌溉；按照水源类型，可分为地表水灌溉和地下水灌溉；按照水源取水方式，又可分为无坝引水、低坝引水、抽水取水和由水库取水等。

当灌区附近水源丰富，河流水位、流量均能满足灌溉要求时，即可选择适宜地点作为取水口，修建进水闸引水自流灌溉。在丘陵山区，当灌区位置较高，当地河流水位不能满足灌溉要求时可从河流上游水位较高处引水，借修筑较长的引水管渠以取得自流灌溉的水头，此时修建引水工程一般较为艰巨，通常在河流上筑低坝或闸，抬高水位，以便引水自流灌溉。与无坝引水比较，虽然增加了拦河闸项工程，但可缩短引水管渠，经济上可能是合理的，应作方案比较，才能最终确定。

若河流水量丰富，但灌区位置较高时，则可考虑就近修建提灌站。这样，引水管渠工程量小，但增加了机电设备投资及其年运行费，一般适用于提水水头较大而所需提水灌溉流量较小的山区、丘陵区。

当河流来水与灌溉用水不相适应时，即河流的水位及流量均不能满足灌溉要求时，必须在河流的适当地点修建水库提高水位并进行径流调节，以解决来水和用水之间的矛盾，并可综合利用河流的水利资源。采用水库取水，必须修建大坝、溢洪道、进水闸等建筑物，工程量较大，且常带来较大的水库淹没损失。

对于地下水丰富地区，应以井灌提水为主；或井渠结合相互补充供水灌溉。对某些灌区，可以综合各种取水方式，形成蓄、引、提相结合的灌溉系统。在灌溉工程规划设计中，究竟采用何种取水方式，应通过不同方案的技术经济分析比较，才能最终确定最优方案。

二、灌水方法

根据灌溉用水输送到田间的方法和湿润土壤的方式，灌溉方法大致可分为地面灌溉、渗灌和滴灌以及喷灌几大类。

（一）地面灌溉

这是目前应用最广泛的一种灌溉方式，水进入田间后，靠重力和毛细管作用浸润土壤，按湿润土壤方式的不同，又可分为畦灌、沟灌、淹灌和漫灌四种方式：

1. 畦灌。用田埂将灌溉土地分隔成一系列的小区，灌水时将水引入，使沿畦长方向流动，在流动过程中靠重力和毛细管作用湿润土壤。本法适用于密植作物。

2. 沟灌。在作物行距间开挖灌水沟，水在流动过程中靠毛细管作用湿润土壤，其优点为不破坏作物根部附近的土壤结构，不导致田面板结，能减少土壤蒸发损失。本法适用于宽行距的中耕作物。

3. 淹灌。用田埂将灌溉土地分成许多格田，灌水时使格田保持一定的水深，靠重力作用湿润土壤。本法主要用于水稻。

4. 漫灌。田间不作任何工程，灌水时任其在地面上漫流，借重力作用渗入土壤。漫灌均匀性差，水量浪费大。

（二）渗灌和滴灌

1. 渗灌。又称地下灌溉，是在地面下铺设管道系统，将灌溉水引入田间耕作层中，靠毛细管作用自下而上湿润土壤。优点是灌水质量好，蒸发损失少，少占耕地，便于机耕；缺点是造价高，检修困难。

2. 滴灌。利用一套低压塑料管道系统将水直接输送到每棵果树或作物的根部，水由滴头直接滴注在根部的地表土，然后浸润作物根系。其主要优点是省水，自动化程度高，使土壤湿度保持在最优状态；缺点是需要大量塑料管，投资大。本法适用于果园。

（三）喷灌

利用专门设备将压力水喷射到空中散成细小水滴，像天然降雨般地进行灌溉。其优点为地形适应性强，灌水均匀，灌溉水利用系数高，尤其适合于透水性强的土壤；缺点是基建投资较高，喷灌时受风的影响大。

由于我国水资源短缺，应提倡采用节水灌溉，尽量提高水的利用率。

三、灌溉工程经济分析的任务

灌溉工程经济分析的任务，就是对技术上可能的各种灌溉工程方案及其规模进行效益、投资、年运行费等因素的综合分析，结合政治、社会等非经济因素，确定灌溉工程的最优开发方案，其中包括灌溉标准、灌区范围、灌溉面积、灌水方法等各种问题。

灌溉工程的经济效果，主要反映在有无灌溉或者现有灌溉土地经过工程改造后农作物产量和质量的提高以及产值的增加。由于农业生产有其自身的特点，因而进行灌溉工程经济分析时应注意下列几个问题：

（一）农作物产量与质量的提高

是水、肥料、种子、土壤改良以及其他农业技术和管理措施综合作用的结果。因此不能把农业增产的效益全部算在灌溉的账上，应在水利部门与农业等其他部门之间进行合理的分摊，对综合措施或综合利用工程的费用，也应在有关受益部门之间进行分摊。

（二）农作物对灌溉水量和灌水时间的要求以及灌溉水源本身

均直接受气候等因素变化的影响。由于水文气象因素每年均不相同，因此灌溉效益各年亦有差异，故不能用某一代表年来估算效益。例如在干旱年份，农作物需要灌溉，其增产效益十分显著，因此在干旱年份灌溉的效益很大；在风调雨顺年份即使没有灌溉也可获得丰收，这一年的灌溉效益就很小；在丰水多雨年份，某些作物根本不需要灌溉，因而这一年可能没有灌溉效益。由上述可知，估算灌溉效益时不能采用某一保证率的代表年作为灌溉工程的年效益，必须用某一代表时段（例如15年以上，其中包括各种不同典型水文年）逐年估算灌溉效益，求出其多年平均值作为灌溉的年效益。为了全面反映灌溉工程的增产情况，还应计算特大干旱年的效益。

（三）过去有些单位只计算灌溉骨干工程的投资

不考虑配套工程所需的投资，这样就少算了投资项目，结果夸大了灌溉工程的效益。不管国家投资的骨干工程，还是集体和群众出工出料的配套工程，都是整个灌溉系统不可缺少的组成部分，只有考虑这两部分所需的投资与年运行费后，才能与相应灌溉效益比较。此外，集体与群众所出的材料和劳务支出，必须按规定的价格和标准工资计算，使各部分投资与年运行费均在相同基础上进行核算。

（四）要考虑投资和效益的时间因素

尤其大型灌溉工程，投资大，工期长。为了减少资金积压损失，应该考虑分期投资，分期配套，施工一片，完成一片，生效一片，尽快提前发挥工程效益。

四、灌溉工程的投资与年运行费

上面已提到，灌溉工程的投资与年运行费是指全部工程费用的总和，其中包括渠道工程、渠系建筑物和设备、各级固定渠道以及田间工程等部分。进行投资估计时，应分别计算各部分的工程量、材料量以及用工量，然后根据各种工程的单价及工资、施工设备租用费、施工管理费、土地征收费、移民费以及其他不可预见费，确定灌溉工程的总投资。

在规划阶段，由于尚未进行详细的工程设计，常用扩大指标法进行投资估算。

灌溉工程的投资构成，一般包括国家及地方的基本建设投资、农田水利事业补助费、群众自筹资金和劳务投资。过去在大中型灌溉工程规划设计中，国家及地方的基建投资一般只包括斗渠口以上部分，进行灌溉工程经济分析时，尚应考虑以下几个部分的费用：

（一）斗渠口以下配套工程（包括渠道及建筑物）的全部费用

过去曾按面积大小及工程难易程度，由国家适当补助一些农田水利事业费，实际上远远不足配套工程所需，群众投资及投工都很大。今后应通过典型调查，求得每亩实际折款数。

（二）土地平整费用

灌区开发后，一种情况是把旱作物改为水稻，土地平整要求高，工程量大；另一种情况是原为旱作物，为适应畦灌、沟灌需要平整地形，可平整为缓坡地形，因而工程量较小。平整土地所需的单位投资，亦可通过典型调查确定。

（三）工程占地补偿费

通过调查，求出工程占地亩数。补偿费用有两个计算方式：一是造田，按所需费用赔偿；二是按工程使用年限内农作物产值扣除农业成本费后求出赔偿费。

关于灌溉工程的年运行费，主要包括：1. 维护费，一般以投资的百分数计，土建工程约为 $0.5\% \sim 1.0\%$，机电设备约为 $3\% \sim 5\%$，金属结构约为 $2\% \sim 3\%$；2. 管理费，包括建筑物和设备的经常管理费；3. 工资及福利费；4. 水费；5. 灌区作物的种子、肥料等；6. 材料、燃料、动力费，当灌区采用提水灌溉或喷灌方法时，必须计入该项费用，该值随灌溉用水量的多少与扬程的高低等因素而定。

关于灌溉工程的流动资金，是指工程为维持正常运行所需的周转资金，一般按年运行费的某一百分数取值。

五、灌溉工程的经济效益

灌溉工程的国民经济效益，是指灌溉和未灌溉相比所增加的农、林、牧产品按影子价格计算的产值。前面已经提到，灌区开发后农作物的增产效益是水利和农业两种措施综合作用的结果，应该对其效益在水利和农业之间进行合理的分摊。

一般说来，有两大类计算方法：一类是对灌溉后的增产量进行合理分摊，从而计算出水利灌溉分摊的增产量，常用分摊系数表示部门间的分摊比例；另一类是从产值中扣除农业生产费用，求得灌溉后增加的净产值作为水利灌溉分摊的效益。

由于我国幅员辽阔，各地气象、水文、土壤、作物构成及其他农业生产条件相差甚大，因此灌溉效益也不尽相同。我国南方及沿海地区，雨量充沛，平均年降雨量一般在 1200mm 以上，旱作物一般不需要进行灌溉，这类地区灌溉工程的效益主要表现为：

（一）提高灌区原有水稻种植面积的灌溉保证率。

（二）作物的改制，如旱地改水田等。

（三）由于水利条件的改善以及农业技术措施的提高，可能引起新的作物品种的推广等。

在西北地区，由于雨量少，蒸发量大，平均年降雨量一般仅为 200mm 左右。干旱是这类地区的主要威胁，因此发展灌溉是保证农作物高产、稳产的基础条件。

第六节　水力发电工程经济分析

一、概述

一般电力系统是把若干座不同类型的发电站（水电站、火电站、核电站、抽水蓄能电站等）用输电线、变电站、供电线路联络起来成为一个电网，统一向许多不同性质的用户供电，满足各种负荷要求。

电源规划主要是根据各种发电方式的特性和资源条件，决定增加何种形式的电站（水电、火电、核电等），以及发电机组的容量与台数。承担基荷为主的电站，因其利用率较高，宜选用适合长期运行的高效率机组，如核电机组和大容量、高参数火电机组等，以降低燃料费用。承担峰荷为主的电站，因其年利用率低，宜选用启动时间短、能适应负荷变化而投资较低的机组，如燃汽轮机组等。

对于水电机组，在丰水期应尽量满发，承担系统基荷；在枯水期因水量有限承担峰荷。由于水电机组的造价仅占水电站总投资的一小部分，近年来多倾向于在水电站中适当增加超过保证出力的装机容量（即加大装机容量的逾量），以避免弃水或减少弃水。对有条件的水电站，世界各国均致力发展抽水蓄能机组，即系统低谷负荷时，利用火电厂的多余电能进行抽水蓄能；当系统高峰负荷时，再利用抽蓄的水能发电。尽管抽水—蓄能—发电的总效率仅2/3，但从总体考虑，安装抽水蓄能机组比建造调峰机组还是经济，尤其对调峰容量不足的系统更是如此。

由于各种电站的动能经济特性不同，不同类型电站在统一的电力系统中运行，可以使各种能源得到更充分合理的利用，电力供应更加安全可靠，供电费用更加节省。现简要介绍水电站、火电站的主要经济特性。

二、水电站的投资

水电站是将水能转换为电能的综合工程设施，又称水电厂。它包括为利用水能生产电能而兴建的一系列水电站建筑物及装设的各种水电站设备。利用这些建筑物集中天然水流的落差形成水头，汇集、调节天然水流的流量，并将它输向水轮机，经水轮机与发电机的联合运转，将集中的水能转换为电能，再经变压器、开关站和输电线路等将电能输入电网。

有些水电站除发电所需的建筑物外，还常有为防洪、灌溉、航运、过鱼等综合利用目的服务的其他建筑物。这些建筑物的综合体称水电站枢纽或水利枢纽。

将水能转换为电能的综合工程设施，一般包括由挡水、泄水建筑物形成的水库和水电站引水系统、发电厂房、机电设备等。水库的高水位水经引水系统流入厂房推动水轮发电机组发出电能，再经升压变压器、开关站和输电线路输入电网。

水电站枢纽的组成建筑物有以下几种：

（一）挡水建筑物

用以截断水流，集中落差，形成水库的拦河坝、闸或河床式水电站的厂房等水工建筑物。如混凝土重力坝、拱坝、土石坝、堆石坝及拦河闸等。

（二）泄水建筑物

用以宣泄洪水或防空水库的建筑物，如开敞式河岸溢洪道、溢流坝、泄洪洞及放水底孔等。

（三）进水建筑物

从河道或水库按发电要求引进发电流量的引水道首部建筑物，如有压、无压进水口等。

（四）引水建筑物

向水电站输送发电流量的明渠及其渠系建筑物、压力隧洞、压力管道等建筑物。

（五）平水建筑物

在水电站负荷变化时用以平稳引水建筑物中流量和压力的变化，保证水电站调节稳定的建筑物，对有压引水式水电站为调压井或调压塔，对无压引水式电站为渠道末端的压力前池。

（六）厂房枢纽建筑物

水电站厂房枢纽建筑物主要是指水电站的主厂房、副厂房、变压器场、高压开关站、交通道路及尾水渠等建筑物。这些建筑物一般集中布置在同一局部区域形成厂区，厂区是发电、变电、配电、送点的中心，是电能生产的中枢。

水电站的投资，一般包括永久性建筑工程（如大坝、溢洪道、输水隧洞、发电厂房等）、机电设备的购置和安装、施工临时工程及库区移民安置等费用所组成。从水电工程基本投资的构成比例看，永久性建筑工程约占32%～45%，主要与当地地形、地质、建筑材料和施工方法等因素有关；机电设备购置和安装费用约占18%～25%，其中主要为水轮发电机组和升压变电站，其单位千瓦投资与机组类型、单机容量大小和设计水头等因素有关；施工临时工程投资约占15%～20%，其中主要为施工队伍的房建投资和施工机械的购置费等；库区移民安置费用和水库淹没损失补偿费以及其他费用共约占10%～35%，这与库区移民的安置数量、水库淹没的具体情况与补偿标准等因素有关。

关于远距离输变电工程投资，一般并不包括在电站投资内，而是单独列为一个工程项目。由于水电站一般远离负荷中心地区，输变电工程的投资有时可能达到水电站本身投资的30%以上，当与火电站进行经济比较时，应考虑输变电工程费用。

水电站单位千瓦投资与电站建设条件关系很大，20世纪50年代平均单位千瓦投资约为1000元左右，后来由于水电站开发条件逐渐困难，库区移民安置标准适当提高，施工机械化程度不断提高，加上物价水平不断上升等原因，水电站平均单位千瓦的投资60年代约为2000元左右，70年代约为3000元左右，80年代约为4000元左右，90年代约为5000元左右，进入21世纪后水电站单位千瓦投资已达10000元左右。

举世闻名的长江三峡水利工程，其静态投资（包括输变电工程，以1993年5月价格计算）为1150亿元，水电站装机容量为1820万kW（共有机组26台，单机容量70万

kW），折合单位千瓦投资 6320 元（投资尚未在防洪、发电、航运等受益部门之间分摊），其中库区移民安置费用及远距离高压输变电工程投资分别约占工程总投资的 35% 及 21%。

三、水电站的年运行费

水电站为了维持正常运行每年所需要的各种费用，统称为水电站的年运行费，其中包括下列各个部分。

（一）维护费（包括大修理费）

为了恢复固定资产原有的物质形态和生产能力，对遭到耗损的主要组成部件进行周期性的更换与修理，统称为大修理。为了使水电站主要建筑物和机电设备经常处于完好状态，一般每隔两、三年须进行一次大修理。由于大修理所需费用较多，因此每年从电费收入中提存一部分费用作为基金供大修理时集中使用。

$$大修理费 = 固定资产原值 \times 大修理费率 \qquad (7-14)$$

此外，尚需对水库和水电站建筑物及机电设备进行经常性的检查、维护与保养，包括对一些小零件进行修理或更换所需的费用。

（二）材料、燃料及动力费

水电站材料费系指库存材料和加工材料的费用，其中包括各种辅助材料及其他生产用的原材料费用。燃料及动力费系指水电站本身运行所需的燃料等动力费。

（三）工资

包括工资和福利费以及各种津贴和奖金等，可按电厂职工编制计算。

（四）水费

水电厂与水库管理处往往隶属于不同的行政管理系统，由于近来强调进行企业管理，因此电厂发电所用的水量应向水库管理处或其主管单位缴付水费。发电专用水的水价应与诸部门（发电、灌溉、航运等）综合利用水量的水价有所不同。

（五）其他费用

包括保险费、行政管理费、办公费、差旅费等。

以上各种年运行费，可根据电力工业有关统计资料结合本电站的具体情况计算求出。当缺乏资料时，水电站年运行费可按其投资或造价的 1%～2% 估算，大型电站取较低值，中小型电站取较高值。

四、水电站的年费用

为了综合反映水电站所需费用（包括一次性投资和经常性年运行费）的大小，常用年费用表示。

（一）当进行静态经济分析时

根据现行财税制度，水电站发电成本主要包括年折旧费与年运行费两大部分，此即为水电站的年费用。

其中 年折旧费=固定资产原值×年综合折旧费率 (7-15)

根据资本保全原则，当项目建成投入运行时，其总投资形成固定资产、无形资产、递延资产和流动资产四部分，因此从水电站总投资中扣除后三部分后即得固定资产原值。关于年综合折旧率，一般采用直线折旧法并不计其残值时，则

年综合折旧费率=1/固定资产综合折旧年限 (7-16)

式中，折旧年限一般采用经济使用年限（即经济寿命）。

（二）当进行动态经济分析时

水电站年费用为资金年分摊值（资金年回收值）与年运行费之和，即

年费用=水电站固定资产原值×（A/P，i，n）+年运行费 (7-17)

五、火电厂的年运行费

火电厂的年运行费包括固定年运行费和燃料费两大部分，固定年运行费主要与装机容量的大小有关，燃料费主要与该年发电量的多少有关。现分述于下：

（一）固定年运行费

主要包括火电厂的大修理费、维修费、材料费、工资及福利费、水费（冷却用水等）以及行政管理费等。

以上各种固定年运行费可以根据电力工业有关统计资料结合本电站的具体情况计算求出。由于火电厂汽轮发电机组、锅炉、煤炭运输、传动、粉碎、燃烧及除灰系统比较复杂，设备较多，因而运行管理人员亦比同等装机容量的水电站要增加若干倍。当缺乏资料时，火电厂固定年运行费可按其投资的6%左右估算。

（二）燃料费

火电厂的燃料费主要与年发电量、单位发电量的标准煤耗及折合标准煤的到厂煤价等因素有关。

必须说明，如果火电站的投资中包括了煤矿及铁路等部门所分摊的投资，则燃料费应该只计算到燃煤所分摊的年运行费；如果火电站的投资中并不考虑煤矿及铁路等部门的投资，仅指火电厂本身的投资，则燃料费应按照当地影子煤价（国民经济评价时）或财务煤价（财务评价时）计算。

六、水电站的国民经济效益

在水电建设项目国民经济评价中，水电站工程效益可以用下列两种方法之一表示其国民经济效益：

（一）用同等程度满足电力系统需要的替代电站的影子费用

作为水电站的国民经济效益。在目前情况下，水电站的替代方案应是具有调峰、调频能力并可担任电力系统事故备用容量的火力发电站。一般认为，为了满足设计水平年电力系统的负荷要求，如果不修建某水电站，则必须修建其替代电站，两者必选

其中之一。

换句话说，如果修建某水电站，则可不修建其替代电站，所节省的替代电站的影子费用（包括投资、燃料费与运行费），可以认为这就是修建水电站的国民经济效益。

（二）用水电站的影子电费收入作为水电站的国民经济效益

用此法计算水电站的国民经济效益比较直截了当，容易令人理解，但困难在于如何确定不同类电量（峰荷电量、基荷电量、季节性电量等）的影子电价。在有关部门尚未制定出各种影子电价之前，可参照国家发展和改革委员会颁布的《建设项目经济评价方法与参数》中的有关规定，结合电力系统和电站的具体条件，分析确定影子电价。

对于具有综合利用效益的水电建设项目，应以具有同等效益的替代建设项目的影子费用作为该水电建设项目的效益；或者采用影子价格直接计算该水电建设项目的综合利用效益。

第七章　水权和水价

第一节　水权

中国于21世纪初开始的节水型社会建设，其核心是通过政府的宏观调控，明晰水权、运用市场机制促进水资源的合理配置。学习和掌握水权与市场的理论，有助于更好地开发、利用、节约和保护水资源，实现水资源的持续利用。

一、产权

水权是水资源产权的简称，水资源产权，是产权的一种具体形式。了解产权的一般理论，有助于深入了解水权的本质特征。

（一）产权的定义

产权是财产权的简称，是指财产所有权以及与财产所有权有关的财产权。财产所有权是指财产所有者依法对自己的财产享有占有、使用、收益和处分的权利。财产所有者的这些权利是财产所有权所具有的权能。所有权的权能是可以从所有者那里分离出来的，例如租赁业务中，承租人以租金为代价从出租人那里取得租赁物品的使用权。与所有权有关的财产权是在所有权权能与所有人发生分离的基础上产生的，指非所有人在所有人财产上享有的占有、使用以及在一定程度上依法享有收益和处分的权利，即是说，与财产所有权有关的财产权是由财产所有权派生出来的各种权利。由于财产的概念是人们对经济资源的使用进行控制而由法律界定、并以货币来衡量的人与人之间的基本关系。因此，产权实际上是对经济活动中人与人之间利益边界的一种界定。在这一界定中，拥有财产所有权或其权能的个人、组织称为产权主体，产权主体作用的对象是产权客体。产权客体是指可以被产权主体控制支配或享用的，具有文化科学和经济价值的物质资料以及各类无形资产，如设备、原材料、知识产权、发明权、商标权等。

由于人们研究的侧重点和视角不同，对产权的内涵和外延存在不同理解，形成了以下几种较有代表性的观点：

著名的美国产权经济学家阿尔钦把产权定义为："一种通过社会强制而实现的对

某种经济物品的多种用途进行选择的权利"。在这里，社会强制，可以是由国家的法律来实施，也可以是由通行的伦理道德规范或习俗来实施。经济物品，是指能给人带来效用的任何东西；如果从狭义上说，财产只是有形的外在稀缺物，而从广义上讲，它还可以包括一切无形的稀缺物，如商誉，人力资源等。权利不仅包括人们通常说的使用权、转让权、收益权等多种权利，而且在每一类权利中，财产的所有者在社会强制下还拥有多种可选择的权利。例如转让权，既有权选择市场拍卖的方式转让财产，也有权选择赠予的方式转让财产。

美国现代产权经济学家科斯，在现代产权理论的经典论文中，把产权定义为财产所有者的行为权利，即可以做什么和不可以做什么的权利。他说："我们说某人拥有土地，并把它当作生产要素，但土地所有者实际上所拥有的是实施一定行为的权力。土地所有者的权力并不是无限的。对他来说，通过挖掘将土地移到其他地方也是不可能的，虽然他可能阻止某人利用'他的'土地，但在其他方面就未必如此。"科斯在这里是从外部性的角度来定义的，以便说明"行使一种权利（使用一种生产要素）的成本，正是该权利的行使使别人蒙受的损失——不能穿越、停车、盖房、观赏风景、享受安谧和呼吸新鲜空气。"所以，在科斯看来，外部性在本质上就是一个产权问题。

美国产权经济学家德姆塞茨也从外部性的角度来定义产权的，但是，他更强调产权的功能和作用。他说："产权是一种社会工具，其重要性来自以下事实：产权帮助人形成那些与他人打交道时能够合理持有的预期。这种预期通过法律、习俗以及社会道德等表达出来。"因此，"产权具体规定了如何使人们受益，如何使之受损，以及为调整人们的行为，谁必须对谁支付费用。"所以，产权在这里是作为一种制度安排，以规范人们的行为，使外部性内部化。

美国产权经济学家菲吕博腾和配杰威齐在综述现代产权理论时，对产权下了一个更为一般性的定义，即"产权不是指人与物之间的关系，而是指由物的存在及关于它们的使用所引起的人们之间相互认可的行为关系。它是一系列用来确定每个人相对于稀缺资源使用时的地位的经济和社会关系。"

虽然上述有关产权定义的表述各不相同，但具有以下共识：

1. 产权不再简单地被看作人与外界稀缺物之间的关系，而是看作人在使用这一稀缺物时所发生的与他人之间的行为关系。

2. 产权不只是所有权，而是一组权利束，它不仅包括产权行为主体可以行使的各种权利，而且还包括不可行使的权利。正如科斯所说："对个人权力无限制的制度实际上就是无权力的制度。"

3. 产权作为一种人造的社会工具或制度安排，在协调和规范人们获取稀缺资源行为的过程中必须得到社会的强制实施，否则，产权就是"一纸空文"，毫无意义可言。

（二）产权的特征

产权具有4个方面的特征，即多元性、排他性、交易性和行为性。

1. 多元性

产权的多样性也称产权的可分性，是指产权的各项权利可以分属于不同主体的性质。同一所有制内部的所有权、占有权、支配权和使用权可以有不同的产权安排，从而形成多元产权主体，各种产权都有各自的权责和利益，从而形成多元的产权关系。

2. 排他性

产权的排他性即各种产权主体具有独立行使该项产权的职能，不允许他人侵权。界定和维护产权，就是要保证产权主体行使这种权利的独立性。

3. 交易性

产权的交易性即各种产权在主体之间的有偿转让，这是市场经济运行中资源配置的流动和收益分配的调整，有利于优化资源配置和提高资产运营效率。

4. 行为性

产权的行为性是指产权主体对其财产权利的运作，如管理、保护和处置等。

产权的权责和利益是通过产权主体的运作来实现的，市场经济运行中的产权主体的行为规范，以确定经济行为的不确定性和外部性问题，它表明产权不只是人对物的关系，重要的是人们之间围绕财产的各种行为性权利。

（三）产权的功能

产权具有激励功能、制约功能和配置功能。

1. 激励功能

产权首先具有激励功能。激励就是使经济行为主体在经济活动中具有内在的推动力或使行为者努力从事经济活动。激励功能是以追求自身利益最大化的行为假设为前提的，产权之所以具有激励功能，是因为它能为产权所有者提供一定程度的合理收益预期。对任何一个主体来说，有了属于他的产权，不仅意味着他有权做什么，而且界定了他可以得到了相应的利益，并且使其行为有了收益保证或稳定的收益预期，这样其行为就有了利益刺激或激励。有效的激励就是充分调动主体的积极性，使其行为的收益或收益预期与其努力程度一致。产权的激励功能依赖于产权明晰，只有明晰的产权才能使当事人的利益得到尊重与保护，从而使其内在动力得以激励。

2. 制约功能

约束与激励是相辅相成的。产权关系既是一种利益关系，又是一种责任关系。从利益关系看是一种激励，从责任关系看则是一种约束。产权的约束功能表现为产权的责任约束，即在界定产权时，不仅要明确当事人的利益，也要明确当事人的责任，使他明确可以做什么，不可以做什么。产权经济学家将经济行为的努力分为两种，一种是生产性努力，它指人们努力创造财富；另一种是分配性努力，是指人们努力将别人的财富转化为自己的财富。当产权的约束力不足或排他性软弱，当分配性努力比生产性努力成本更低、收入更高时，人们就会选择分配性努力。产权得不到切实的保障与约束，处在经济活动中的人们就缺少基本的安全感，这一点常常是经济秩序混乱的根源。经验表明，滥用资源、不重积累、分光吃净等短期行为，是产权约束功能残缺的表现。

3. 配置功能

产权的配置功能是指产权安排或产权结构调整驱动资源配置状态的形成和变化。如果某种资源在现有产权主体手中不能得到有效利用，该资源就会由评价低的地方向评价高的地方流动，由此形成资源产权的市场价格，促进资源的合理配置。产权的配置功能取决于产权的排他性、多元性、交易性和行为性。由于排他性，产权所有者有权决定财产的使用方式，保证财产所有者有动力把资源配置到效益高的地方；产权的多元性是产权所有者能有效的配置产权的各项权项的基础；产权的交易性使不善于发挥的资产效益的所有者能转让其权力，从而提高资产的使用效率；产权的行为性则保证了获得产权后，能够运用使之发挥效益。

（四）产权的形成

产权的形成受许多因素的影响，归纳起来主要有技术、人口的增长与资源的稀缺程度、要素和产品相对价格的长期变动等几个因素。

1. 技术

产权确立的条件是产权所有者的产权收益要大于他排除其他人使用这一产权的费用，否则就没有界定产权的必要。一些技术的发明会降低实行产权的费用，例如，牧场由于围栏费用较高可能属于共同所有，但当技术进步使围栏的费用降低时，就出现了产权界定，产生了私人牧场，所以技术在人类社会中是影响产权的一个重要因素。

2. 人口的增长与资源的稀缺程度

在影响制度和产权的成本与收益的多种参数中，最重要的参数是人口的数量。随着人口的增长，一些资源逐步变得稀缺起来，人口与资源的矛盾必然促使人们建立排他性的产权，人类社会早期所建立的排他性产权就是从最稀缺的资源开始的，产权能够限制开发资源的速度，实现资源的有效配置，使资源得到最合理的利用，从而缓解资源稀缺的压力。

3. 要素和产品相对价格的长期变动

要素和产品相对价格的长期变动是历史上多次产权制度安排变迁的主要原因之一。当某种要素价格上升了，就会使这种要素的所有者相比其他要素而言能获得更多的利益，他就会去积极地建立排他性的产权。例如土地价值的上升导致人们为形成排它性的产权而努力，也激发人们去变更产权，使得日益稀缺的土地资源得到更有效的利用。

二、水权

（一）水权的内涵

水权和水权制度是产权和产权制度在水资源领域中时具体水权是指由水资源稀缺产生的、有关水资源的各种权利的总和。它包括水资源所有权、使用权及其他由所有权所派生出的权利。

1. 水资源所有权

水资源所有权是指所有者依法对水资源的占有、使用、收益及处分的权利，是对水资辉的全面的直接的支配权。《中华人民共和国水法》规定："水资源属于国家所有"。水资源的国家所有是由水资源的特殊作用和地位所决定的，也是世界普遍采取的管理制度。强调水资源国家所有权具有重要的意义，它既是国家统一管理水资源的前提，也节省各项设施与管理的重复投资，从而提高水资源的配置效率。

作为水资源所有者主体的国家可以将水资源的所有权与使用权适当分离，通过制度安排把水资源的使用权授予社会，以适应社会发展的要求。国家则保留着对水资源的开发利用进行全面管理的权力。根据所有者不同的管理需要，水资源所有权可以衍生出水资源的分配权、调度权、收益权、监督权、处罚权等。

分配权也可称为配置权，是所有权人行使处置的权力，分配权保证了所有人——国家可以进行水权的初始分配，对某些国家紧急需要或公益事业实施水权分配；调度权指国家对水资源具有调度配置的权力，这是出于公共利益的需要，调度各水利工程以实现有效防灾、减灾等目的。收益权是所有权人行使收益的权利，国家可以以水资源费或水资源税的形式来行使其所有者的收益；监督权是所有权人行使监督的权力，它是国家为保护公众利益行使强制力的表现，监督权同时意味着被监督者有主动接受监督的责任；处罚权一般与监督权相伴，也是所有权人行使权力的一种方式。上述权力可以由一个主体统一行使，也可以授权给多个主体行使，以增加效率。

2. 水资源使用权

水资源使用权是指水资源使用者依照法律规定对所使用的水资源享有占有、使用、收益和处分的权利。在水资源使用权与所有权分离后，水资源所有者可以通过权力转让和特许方式将水资源的使用权授予使用者。

水资源使用权具有如下特性：

（1）水资源使用权是派生于水资源所有权但又区别于水资源所有权的一种独立的物权。水资源使用权不等于水资源所有权中单纯的使用权能，水资源使用权的内涵要广。

（2）水资源使用权的主体具有广泛性。一切单位和个人均可以成为使用权的主体。另外，水资源使用权还可以包括一些特殊的主体，如水生态，从可持续发展的角度看，生态环境也有水资源使用权。

（3）水资源使用权最终使用的是水资源的各项功能，包括用于灌溉、供水、发电、航运、渔业养殖、商业旅游、景观、生态等。

由于水资源使用权的复杂性和多元性，可将使用权分为直接使用权和开发经营权两大类型，如图8-1所示。

到公共利益。

（2）排污权，郎水体纳污能力使用权，

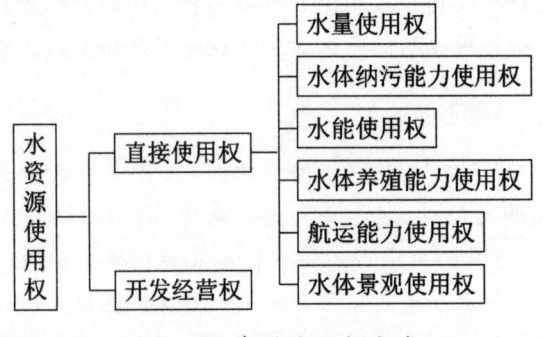

图8-1 水资源使用权分类

直接使用权是对水资源功能的直接使用。按照功能属性的不同，直接使用权可以分为：

（1）用水权，即水量使用权，是指从水域或地下取水并对水资源行使使用的权利。其特点是：用水要占有部分水量，除了少数用水大户外，单个用水户减少水量不明显，对水体存在状态（水位、流量、流速或水质等）也不产生显著影响，但是许多用水户共同作用，则会产生较显著影响。就经济特性而言，用水与在公共大地上放牧类似，具有一定的竞争性、排他性，过度使用，会使水资源枯竭，最终影响到公共利益。

（2）排污权，即水体纳污能力使用权，它是针对水体自净能力或者纳污能力规定的权利。排污是用水的必然结果，排污权的量必须考虑水环境承载能力。水环境承载能力指的是在一定的水域，其水体能够被继续使用并仍保持良好生态系统时，所能够容纳污水及污染物的最大能力。排污只有在水环境承载能力之内才是持续发展的。

（3）发电权，即水能使用权，它主要是针对水能规定的权利。由于河流落差蕴藏着丰富的水能资源，利用水能可以发电。发电权与用水权有一定的冲突。当用水量过大时，水头减小，影响发电。

（4）渔业权，即水体养殖能力使用权，它主要是针对水体适宜养殖水产品的能力规定的权利。渔业权与排污权关系密切，因为排污过多，水体将不适宜于水产品生长，渔业权将受到损害。

（5）航运权，它主要是针对水体承载船只能力规定的权利。

（6）水体景观使用权，针对水体景观所规定的权力。

开发经营权是指开发或利用水资源用于商业经营以谋取利益的权利，其直接目的不是最终使用，而是经营权利。供水权是开发经营权的具体体现形式，它是指水权主体并不直接使用水资源，而是向用水户出售水资源的一种权利，如灌区向农户出售灌溉水，城市自来水厂向居民企业出售生活、生产用水。

从以上对水权的分析可以看出，各种用途的水资源都存在水权问题，因此，水权实质是一个体系，水权体系可以按照研究目的的不同进行多种分类。如果按照水体类型划分，可以分为地表水权和地下水水权，地表水水权又可以分为河流水权和湖泊水权等；按照水权主体的范围划分，可以分为国家层水权、流域层水权、区域层水权；按照使用水权的行业或用途划分，可以分为生活用水水权、农业水权、工业水权、生态水权等。如图8-2所示。

（二）水权的产生及意义

从人类历史上看，水资源稀缺的出现和加剧以及相伴随的相对价格提高，是水权制度出现的基本原因。在人类社会发展的早期乃至工业革命以前，相对于人类有限的需求来说，水资源是非常丰富的，人们可以任意获取和使用，通常不存在为水而产生争执的可能性。此时设置水平收益不高，没有必要界定水权。而工业革命后，人类社会进入了一个飞速发展的时期。人口的增长及经济的快速发展给有限的水资源带来了压力，用水竞争性日益显现，水事冲突日益增多，水资源成为稀缺的经济资源，相对价格上升，导致人们愿意为清晰界定水权和保护水权作出努力，从而形成了水权制度。

　　水权和水权制度对于水资源的配置效率是十分重要的。这是因为水权制度产生激励作用，引导经济主体的用水行为。在不同的水权制度下，水权对水资源利用的激励方向不同，因此，水资源的配置效率也是不同的。例如，如果水资源被置于"公共领域"，处于半开放状态时，这种水权制度安排就会刺激经济主体无限制地使用水资源，导致水资源利用的低效率。如果水权制度结构中存在着节约用水和效率用水的激励机制，就会改变人们的用水行为，使日益稀缺的水资源能够得到更有效地利用，人类历史上水权制度从沿岸所有权和优先占用水权向可交易水权的转变也充分说明了水权制度与水资源配置效率之间的关系。

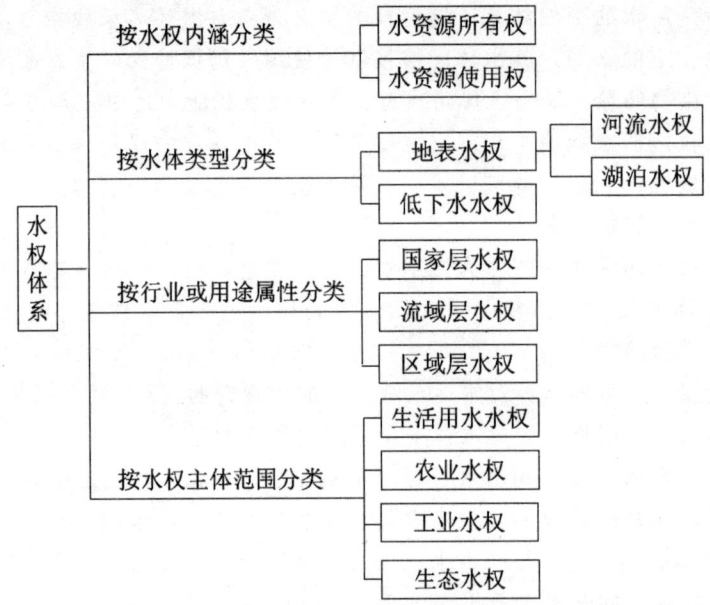

图8-2 水权体系

　　水权和水权制度对社会稳定也具有不容忽视的作用。水资源的供需矛盾引起不同部门和不同地区在水资源利用方面的竞争，而竞争不可避免会引发水事纠纷。如果没有清晰的水权界定和有效的水权制度，在水资源特别短缺的地区，水事纠纷的数量和规模将无法控制，影响到社会的稳定。反之，明确的水权和有效的水权制度既能够减少水事纠纷的数量，又能够为水事纠纷的裁定提供依据，有利于社会的稳定。

（三）水权制度的国际比较

　　由于水资源禀赋、社会制度的差异，各国形成的水权制度不尽相同。

　　1. 沿岸所有权

　　沿岸所有权源于英国的普通法和1804年的拿破仑法典，后在美国的东部地区得到发展，目前仍是英国、法国、加拿大以及美国东部等水资源丰富的国家和地区水法规定和水管理政策的基础。

　　沿岸所有权有两个基本原则，一是持续水流，即凡是拥有持续不断的水流穿过，所经过的土地所有者自然拥有了沿岸所有水权。只要水权所有者对水资源的使用不会影响下游的持续水流，那么对水量的使用没有限制。二是合理用水，即所有水权拥有者的用水权利是平等的，任何人对水资源的使用不能损害其他水权所有者的用水权利。

实行沿岸所有水权的国家从以下几个方面界定水权：

（1）水权的获得。拥有持续水流经过的土地并合理用水是获得水权的两个必备条件。这意味着没有与河流相邻的土地所有者不拥有水权，即使是需要或合理使用，开渠引水也是不允许的。

（2）水权的转移。根据沿岸所有水权，水权是和土地所有权捆绑在一起的，当有河流经过的土地所有权转移时，水权也随土地所有权转移。但是，如果所有权转移的土地仅为原有土地的一部分并且不与河流相邻，那么这块土地不拥有沿岸所有水权。

（3）水权的限制和丧失。如果水权有被证明是不合理使用水资源或利用自己的土地帮别人不合理使用水资源，那么该水权所有者的权利就会受到限制甚至完全丧失。

沿岸所有权在水资源丰富地区有其自然的合理性。但应该看到，它限制了非毗邻水流的土地的用水需求、影响了用水效率和经济发展，因此，多数实行沿岸所有权的国家对其进行了修正，例如，美国东部地区虽然仍然采用沿岸所有水权制度，但对非沿岸的用水者实行了许可证制度。非沿岸的用水者通过申请用水，州政府经过审查后颁发用水可证，用水许可证中规定了用水的条件和限制以及期限，按规定用水期满后可继续申请用水，违反用水规定者撤销用水许可证。这样，用水许可证制度成为沿岸所有水权制度的具体体现，有效地解决了非沿岸用水者的用水问题。

尽管沿岸所有水权制度随着经济社会的发展发生了一些实用性的变化，但实践证明它仅仅适用于水资源丰富的地区和国家。对于水资源短缺的干旱和半干旱地区，沿岸所有水权制度存在着种种问题。

2. 优先占用权

优先占用水权制度源于19世纪中期美国西部地区开发中的用水实践。众所周知，美国西部干旱少雨，水资源匮乏，当时到西部的拓荒者大部分从事金矿开采和农业生产，对水资源的需求量很大，但只有少数人拥有沿河流经过的土地，大部分与河流相邻的土地归联邦政府所有。为了在干旱少雨地区维持生产，不拥有与河流相邻土地所有权的采矿者和农场主必须在联邦政府所有土地上开渠引水，于是在司法实践中形成了"谁先开渠引水谁就拥有水权"的作法，并通过大量的案例判决逐步形成了"优先占用水权理论"。

优先占用水权理论认为，河流中的水资源处于公共领域，没有所有者，因此，谁先开渠引水并对水资源进行有益使用，谁就占有了水资源的优先使用权。优先占用水权理论遵循的基本原则是：

（1）占用水权的获得不是以拥有与河流相邻的土地所有权为依据，，而是以占有并对水资源进行有益使用和河流中有水可用为标准。

（2）占用水权不是平等的权利，而是以先占为原则，即谁先开渠引水，谁就拥有了使用水的优先权。在干旱缺水地区，这意味着后开渠引水者的水权的实现依赖于先引水者如何使用和使用多少水资源。

（3）只要是有益使用，水资源既可用于家庭生活用水，也可用于农田灌溉、工业和城市用水等方面。但用水者必须就水量的使用，用水季节和用水目的等方面向水行政主管部门登记，以此作为水权纠纷裁定的基础。

优先占用水权制度是从以下几个方面界定水权的：

（1）占用水权的获得。美国西部实行优先占用水权的州都要求用水者必须提出用水申请，申请者必须有州政府工程师对水资源的有益使用和河流中有水可用的确认证明文件，经州政府批准后方可动工引水。

（2）优先权的界定。在美国西部的司法实践中，优先权的界定是以引水工程的开工期为准，谁先开工就拥有用水的优先权，即使后开工者引水工程的完工日期早于先开工者，他的用水权仍然排在先开工者之后。但如果有证据证明先开工者不努力工作，故意拖延工期，先开工者就丧失了他的优先权。法院将根据他的工作努力情况重新对优先权的日期进行排序。

（3）水权的转移。关于优先占用水权的转移，美国西部各州规定不一，有的州规定不允许出售优先占用权，有的州允许出售，但出售后，占用水权相应转移，而原有的优先权丧失。用水顺序按出售日期重新排序。

（4）水权的丧失。如果有证据证明用水者把水资源用于有害用途或者用于与申请不符的用途，他就丧失优先占用权。另外，如果用水者长期废弃引水工程且不用水，一般为2～5年，也会丧失继续引水和用水的权利。

显然，优先占用水权制度弥补了沿岸所有水权制度的某些不足，更适合于干旱少雨、水资源短缺地区。

3. 平等用水原则

平等用水原则是指所有用户拥有同等的用水权，当缺水时，大家以相同的比例削减用水量。在智利的一些地区，采用了平等用水原则。

4. 条件优先权原则

条件优先权原则是指在一定条件的基础上用户具有优先用水权。如日本采用的堤坝用益权，日本的《多功能堤坝法》使得水资源使用者能够取得使用水库蓄水的堤坝用益权。该权利是=种本质上类似于水权的财产权。市政供水、工业供水、水力发电的水资源用户可以分担建设成本而申请相应的水权。获得堤坝用益权的用户不受占用优先权原则的束缚，因为他们有权利用水库的一定贮存容量。当分配到的水库蓄水容量存蓄满后，堤坝用益权持有者将可以从堤坝甚至从下游引取这部分水资源。

5. 公共水权

公共水权古已有之，但现代意义上的公共水权制度源于前苏联的水管理理论和实践。我国目前实行的也是公共水权制度。公共水权理论包括3个基本原则：

（1）所有权与使用权分离，即水资源属国家所有，而单位和个人可以拥有水资源的使用权。

（2）水资源的开发和利用必须服从国家的经济计划和发展规划。

（3）水资源的配置和水量分配一般是通过行政手段进行的。

　　《中华人民共和国水法》（以下简称《水法》）是公共水权制度的典型文件，它以公共水权理论和原则为基础，从水资源的所有权和使用权来看，2002年修订后的《水法》第一章第三条和第六条分别规定："水资源属于国家所有。水资源的所有权由国务院代表国家行使。农村集体经济组织的水塘和农村集体经济组织修建管理的水库中的水，归各该农村集体经济组织使用。""国家鼓励单位和个人依法开发、利用水资源，并保持其合法权益。"这确立了国家是水资源所有权的唯一主体，任何单位和个人在法律上不能成为水资源的所有主体，但可以取得水资源的使用权和收益权，国家保护其合法权利。从计划和规划原则来看，《水法》第五章第四十四条规定了用水计划的制定和审批，在第二章水资源规划中，明确规定水资源开发利用必须统一规划，并详细规定了规划的编制程序和审批权限。从行政配水原则来看，《水法》对国家通过行政手段对水资源进行统一配置，实行取水许可制度以及征收水资源费都有规定。另外，在《水法》第一章第十二条中还规定了行政管水的制度和权限，即"国家对水资源实行流域管理与行政区域管理相结合的管理体制。国务院水行政主管部门负责全国水资源的统一管理和监督工作。"

　　显然，公共水权与沿岸所有权和优先占用水权有较大差别，体现出了不同的水资源管理思路，沿岸所有水权和优先占用水权都是以私有产权制度为基础，注重私有水权的界定，试图通过私人在水资源利用问题的决策促进水资源的利用和配置效率的提高；而公共水权规定国家是水资源的所有权主体，试图通过计划管理来实现水资源的合理利用。从实践来看，在不同的历史阶段和不同的水资源条件下，上述几种水权制度对水资源管理和经济发展都曾起到积极作用，但随着水资源短缺问题日益严重，原有水权制度的缺陷也更加明显。以私有产权为基础的水权制度虽然在水权的界定方面清晰，但缺乏引导水资源从低效率向高效率地方转移的有效机制，难以达到整体水资源的高效配置。而公共水权强调全流域的计划配水，但存在着对经济主体的水权难以清楚界定的问题，在水资源严重短缺的情况下，有可能引发严重的用水纠纷。另外，行政配水方式也会引发水资源管理中的寻租行为，导致资源的浪费和腐败现象的产生。

三、我国水权制度的改革探讨

（一）我国水权制度的改革

　　根据我国水权制度的历史和现状和水资源的供需状况，从提高水资源的利用效率和配置效率以及可持续发展的角度出发，我国水权制度改革的目标模式是在公共水权的基础上，实行可交易水权制度。

　　公共水权为基础就是说水权制度的创新不必改变我国水资源所有权的现状，即水资源仍属国家所有，集体和个人只能拥有水资源的使用权和经营权。之所以要坚持公共水权基础，因为：

　　1. 坚持公有水权基础符合我国的法律规定。《中华人民共和国宪法》（以下简称《宪法》）第六条规定："中华人民共和国的社会主义经济制度的基础是社会主义公有制。"《宪法》第九条规定："水流、滩涂属于国家所有，有法律规定属于集体所有的滩涂除外。"《水法》第三条规定:"水资源属国家所有。"《宪法》和《水法》关于水资源所有权的界定说明,水权制度的创新必须坚持公共水权制度。

2.制度变迁中的路径依赖决定了水权制度创新不可能偏离公共水权基础。路径依赖类似于物理学中的"惯性"概念。在技术领域中是指一旦进入某一路径后,技术演进的方向就可能产生对原有路径的依赖。在制度变迁的过程中同样存在着路径依赖,一旦制度变迁在初始阶段带来报酬递增,就会形成刺激和惯性,使制度变迁沿着原有的路径和方向前进,正如美国经济学家道格拉斯·诺思所指出的:"人们过去作出的选择决定了他们现在可能的选择。"所以,水权制度创新不能与现行水权制度完全割裂开来。另外,从国际经验来看,大多数实行可交易水权制度的国家和地区都是在原有水权制度的基础上引入市场机制的,这也充分表现了路径依赖对于制度变迁的制约作用。

3.不改变公共水权有利于降低制度创新成本和社会稳定。制度变迁都是要付出成本的,只有制度变迁的收益大于所付的成本,制度变迁才可能发展。如果要改变我国水资源的公共水权基础,必然涉及我国一系列法律法规的改变以及由公共水权向私有水权的转变过程,其成本将是很高的,足以使这种变化不可能发生。并且,变公共水权为私有水权也会从根本上改变许多用水主体的经济利益,导致众多的纠纷,影响社会稳定。所以,水权制度创新必须坚持公共水权基础。

实行可交易水权制度是指在政府明确界定和分配水权的基础上,引入市场机制,形成水权交易市场,实行可交易水权制度的原因在于:

1.可交易水权制度具有对节约用水、提高用水效率的激励机制和对低效率过量用水的约束机制。在我国,一方面对水资源的需求日益增加,水资源供需矛盾日益突出;另一方面却又普遍存在着浪费现象。在可供水量既定的情况下,要解决水资源的供需矛盾,只能从节约用水,提高用水效率方面想办法,这就要求水权制度中有促进节水的激励机制和对低效率过量用水的约束机制。根据利益最大化原则,用水主体只有在节水收益大于节水成本时才会主动采取节水措施。在水权不能交易时,节水效益表现为所节省的水费,这样水价的高低就成为激励节水的重要因素,水价越高,节水激励就越强但另一方面,水价太高又会限制水资源效率和效益的发挥,不利于水资源的有效配置和国民整体效益的提高。如果实行水权交易,只要市场形成的交易价格使转让水权有利可图,用水主体就会主动采取措施节水,与此同时,需要多用水的经济主体也会在多用水的收益大于购水成本时才值得购水,由此形成了低效率过量用水的利益约束机制。

2.实行可交易水权制度有利于提高水资源的配置效率。由于用水者的用水量与用水效益是会发生动态变化的,相应的水资源配置效率也会变化,市场的力量会引导水资源从低效率的地方向高效率的地方流动,通过这种弹性调节机制,可以纠正出现的效率缺陷,达到提高水资源配置效率的目的。

总之坚持公共水权基础,可以减少制度变迁的成也有利于水资源的统一管理;而实行可交易水权制度,可通过市场机制达到提高水资源配置效率和利用效率的目的。所以说,在公共水权基础上实行可交易水权制度是我国水权制度创新的最佳选择。

(二) 初始水权的界定与分配

初始水权的界定与分配是我国水权制度中的一项重要内容，它是可交易水权制度建立的基础和先决条件。只有在初始水权配置后，再引入市场机制，才能形成相应的水权交易。水权的分配即水资源使用权的界定，是根据不同水平的水资源确定各水权人的水权量的过程。水权的分配有两种方式：一种方式是行政性分配，即政府按照一定的准则对现有的水资源进行分配；另一种方式是市场分配，即利用市场机制，以竞价拍卖的形式对水权进行分配，也就是现在水资源的分配中，谁出价高，就将水资源配置给谁。显然在这种方式下，一般只有水资源边际产出高的行业、地区，由于有较高效益预期，往往会对所需的水权有较高的支付意愿，这虽然有助于水资源流向效益高的用途，提高水资源的配置效率，但如果在水权的初始分配中采取这种分配方式，势必使处于劣势的贫穷、落后的弱势群体和地区无法获取所需的水资源，从而剥夺了他们生存和发展的权力，显然这是不合理的。因此，在水权的初始分配中，不适合采用市场分配方式，但在水权的再分配中，采用它进行水权转让交易，可以弥补初始水权分配中存在的低效性；充分发挥市场高效配置资源的作用。

所以说，水权的初始分配只能采取行政配置的形式。那么政府该如何进行初始水权的分配呢？下面简要分析水权分配应遵循的基本准则。

由于水资源对于人类的不可或缺性，在其配置中必须充分体现出公平性，同时兼顾效率。简言之就是公平与效率兼顾。

1. 公平准则

公平是人类社会发展进步的一个主要衡量标准，资源分配的一个主要约束就是要尽可能实现社会公平。例如，在生活用水方面，水资源的公平分配意味着所有的家庭，不管他们对水资源的购买能力如何，都应该有获得水资源的基本权利，由于人们的认识不同，对公平概念和公平目标的理解也不同。

(1) 人均公平原则。在《全球人类宣言》中，要求将地球上的公共资源都应该按照平均分配的原则进行等分配。平均主义的一种定义是人均公平原则，也就是简单地按照人人平等的思想进行资源分配，每个人都有权利获得自己的一份资源。按照人均公平原则，就是以人口指标来分配水权，各用水户获取的水权数量为：

$$Q_i = \frac{P_i}{P}Q \quad (i=1,2,\cdots,n) \tag{8-1}$$

式中 P——该水资源辖区总人口数；

P$_i$——该用水户的人口数；

Q——可分配的水权总量；

Q$_i$——该用水户的水权量。

这种人均公平原则强调了所有用户拥有同等的用水权，体现了资源分配的公平性。但它忽视不同用水户对水资源的需求差异，例如，对城镇居民而言，水资源仅仅是生活资料，而对农村居民而言，水资源不但是生活资料，而且是生产资料，平等参与分配对农民有失公允。况且依据人口分配水资源，必然使劳动密集型产业获得更多的水权，导致产业结构有趋向于劳动密集型的倾向，产生"逆淘汰"现象。因此，人均公平原则只适合于生活用水水权的分配。

平均主义的另一种定义是按照地区公平原则进行分配，即以地区面积来分配水权，据此用水户的水权数量为：

$$Q_i = \frac{S_i}{S}Q \quad (i=1, 2,\cdots, n) \tag{8-2}$$

式中 S——水资源辖区的总面积；

S_i——该用水户所辖的区域面积；

其他符号同上。

由于土地面积与人口、生产要素的分布往往是不均衡，如长江上游地区人口少、需水量不大，但土地面积大，若按这一原则来分配，则会使下游人口稠密地区出现用水十分紧张的状况，影响到其正常的生产和生活。由于农业用水与耕地面积之间有着十分紧密的联系，如果将公式中的 S 换成耕地面积，据此来分配农业用水水权则更具合理性。

（2）平等发展权利原则。平等发展权利理论认为作为全球性的公共资源是人类的共同遗产，公共资源的使用最终要促进每一个人的福利，对于在发展机会上处于不利地位的地区，不仅在资源的使用上需要分配更多的资源，而且要求发达地区帮助落后地区在发展机会上能够实现平等。基于平等发展权利原则，在水资源的分配上，对于经济相对落后地区在水权分配上就应该给予更多的照顾，促进水资源向落后地区偏移，使落后地区在发展阶段通过转让水权获取其发展经济急需的资金；而发达地区可以通过在市场上购买权满足快速发展对水资源的需求。

（3）代际公平原则。公平的概念还体现在代际公平上。从可持续发展的观点来看，代际间在资源和生态环境上具有平等的分享权。但由于未来人的缺位，代际间的资源分配就缺乏权利制衡。因此，在水资源的分配上，应该由政府作为未来人和生态环境的代理人，保留生态环境用水水权和一部分机动用水水权。

2. 效率准则

在效率准则下，应当按照单位水产出价值最大原则来分配水资源。一般来说，一个地区经济越发达，水的利用效率越高，单位水产出价值越大，而 GDP 指标是衡量地区经济发展水平的重要指标。因此，根据效率原则，可以利用 GDP 指标来分配水权，其计算公式为：

$$Q_i = \frac{GDP_i}{GDP}Q \quad (i=1, 2,\cdots, n) \tag{8-3}$$

式中 GDP——整个地区的国内生产总值；

GDP_i——第 i 个用水户的国民生产总值；

其他符号同上。

显然，按 GDP 指标来分配水权能够多体现出资源配置效率，有利于经济发达地区。但它与平等发展权利相抵触。因为若按产值分配，经济落后地区只能获取较少的水权份额，长期下去只会加重落后地区与发达地区之间的两极分化。从产业角度来看，按 GDP 分配会导致农业等产值低的行业的水权量减少，长此以往必将导致农业等低产值行业的退化，造成产业发展的失衡，这种准则更适合于分配工业用水水权。

3. 公平与效率相结合的混合分配准则

公平准则与效率准则之间存在着明显的冲突。如果一味坚持公平准则，就会影响到水资源的效率配置和使用，造成浪费，加剧水资源供需矛盾；而如果只注重效率，就会影响到贫困、落后的地区和群体的生存和发展，两者都是片面的。况且不同的地区、不同行业和不同的社会群体对水权的分配准则各有偏好。例如，在黄河流域，像青海、甘肃、内蒙等上游地区偏好于按面积分配，陕西、山西、河南等中游地区则偏好于按人口分配；而山东由于经济发展水平相对较高，会偏好于按产值分配。这样，某种分配准则会得到其偏好者的支持，同时又会遭到其他人的反对，所以，必须选择一种折中的各方都能接受的分配准则，即为了体现公平与效率两方面的影响，可以构造一个将公平与效率相结合的混合分配机制。可以采用加权的方法对公平和效率进行协调，即从公平准则中选出人口和耕地面积作为变量，而从效率准则选出GDP值作为变量，从而构成一个加权分配公式：

$$Q_i = (\alpha_1 \frac{P_i}{P} + \alpha_2 \frac{S_i}{S} + \alpha_3 \frac{GDP_i}{GDP})Q \quad (i=1, 2, \cdots, n) \tag{8-4}$$

式中 α_1，α_2，α_3——人口权重系数、耕地面积权重系数、GDP权重系数；

其他符号同上。

这种混合分配机制的关键是权重的确定，其大小主要取决于以下几个因素：

（1）政府决策者的政策意图。政府决策者在制定政策时，总会有一定的倾向性，如要支持落后地区的发展，此时在确定权重系数时，就会将人口、耕地面积权重系数确定得相对大一点。

（2）各方的谈判能力。虽然水权的初始分配是政府的一种行政分配，但也应该充分发扬民主，让用水户参与分配方案的确定过程，这样通过各方谈判协商确定下来的分配方案，容易为各方接查，便于方案的贯彻执行。

（3）现状。现状用水是经过历史演变形成，有其合理性成分，在一定程度上反映了不同地区经济发展水平和需水规模，水权分配要尊重现状。按所确定的权重系数计算出的水权数额与现状间水量不能相差太远，否则就会遭到反对和抵制，不利于方案的执行。

第二节 水价计算

我国水利工程供水经历了从无偿供水到有偿供水，水利工程供水收入也经历了从行政事业性收费到经营性收费的过程。中华人民共和国成立后，在各级政府和有关部门的大力支持下，经过物价部门和水利部门的共同努力，水价改革不断推进，水价制度不断完善，先后经历了公益性无偿供水阶段、政策性有偿供水阶段、水价改革起步阶段和水价改革发展阶段。

一、水价发展阶段

（一）公益性无偿供水阶段（1949～1965年）

新中国成立初期，我国供水以公益性为主，基本不收取水费，无水价可言。1964年，原水利电力部提出《水费征收和管理的试行办法》，开始改变无偿供水的局面。1965年10月13日，国务院以〔65〕国水电字350号文批转了水利电力部制订的《水利工程水费征收使用和管理办法》，这是我国第一个有关水利工程供水收取水费的重要文件，它确定了按成本核定水费的基本模式。

（二）政策性有偿供水阶段（1965～1985年）

虽然有了水费征收的文件，但在"文化大革命"期间，大多数水利工程仍然不计收水费。1980年我国财政体制改革，国务院提出"所有水利工程的管理单位，凡有条件的要逐步实行企业管理，按制度收取水费，做到独立核算，自负盈亏。"各省、自治区、直辖市对水利工程管理单位开始实行"自收自支、自负盈亏"的管理方式，水费政策工作才开始起步。

（三）水价改革起步阶段（1985～1995年）

1985年国务院颁布了〔85〕94号文《水利工程水费核定、计收和管理办法》中指出，水费标准应当按照自给自足、适当积累，并参照受益情况和群众的经济力量合理确定；凡已发挥兴利效益的水利工程，其管理、维修、设备更新费用应向受益单位征收水费解决。大部分省、自治区、直辖市人民政府先后制定了实施办法（或细则）和其他相关文件。1988年《中华人民共和国水法》颁布，其规定："使用供水工程供应的水，应当按照规定向供水单位交纳水费"。1992年国家价格主管部门将水利工程供水列入重工商品目录，水利工程供水开始向商品转变。1994年12月，财政部以〔94〕财农字397号文件颁发了《水利工程管理单位财务制度》，明确规定"水管单位的生产经营收入包括供水、发电及综合经营生产所取得的收入"。第一次将水利工程水费定义为生产经营收入，这是对水利工程供水以及水费收入性质认识上的突破。

（四）水价改革发展阶段（1995～2003年）

近年来，在国家价格主管部门和水利部的领导下，全国水价改革工作有了很大进展，改革的力度不断加强。如今，水利工程实行有偿供水已被社会普遍接受，其商品属性得到各方面的认可。水价水平和水费实收率得到不同程度的提高。水费已成为许多水管单位的经济支柱，水管单位工程运行、维护和管理经费不足的矛盾有所缓解。2003年5月，国务院同意国家发展和改革委员会、水利部制定的新的水价管理办法。2003年7月3日国家发展和改革委员会、水利部正式颁发《水利工程供水价格管理办法》（以下简称《水价办法》），于2004年1月1日起施行，水价改革进入新的阶段。

考虑到水利工程供水具有商品属性，因此从商品的定价入手，探讨水利工程供水价格。

二、水价的定义

（一）水价定义

《水价办法》第三条规定"水利工程供水价格是指供水经营者通过拦、蓄、引、提等水利工程设施销售给用户的天然水价格。"

（二）不同经济性质水的形成机制

随着人类社会经济的发展，自然界的水受自然力和社会力（人类的活劳动和物化劳动）的作用产生出多种不同经济性质的水，主要有自然水、水资源、水利工程供水、自来水、纯净水、弃水（洪水等）、退水（废污水等）、中水（退水经治理达到人类规定可以使用的某一标准的水）等。这些水的形成机制和演化程式可以用图8-3来表述（图8-3中连线上除已注明为自然力推进的机制外均为社会力推进机制）。

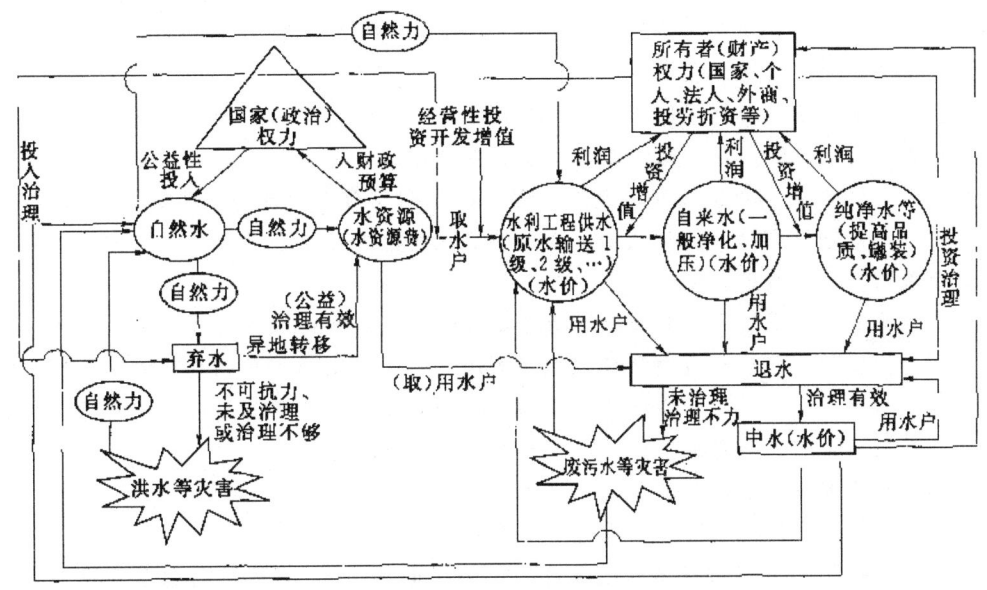

图 8-3 按经济性质分类各种水的形成机制

从图7-3中我们可以比较清晰地了解到各种不同经济性质的水是受自然力和社会力的作用产生的。具体地说：自然水、水资源、弃水（洪水等）是受自然力的作用产生的；自来水、纯净水、退水（废污水等）、中水是受社会力的作用产生的；水利工程供水则是既受社会力的作用，又受自然力的作用而产生的水，这就是水形成机制。由于水利工程供水形成机制较为复杂，我们有必要对影响水利工程供水的相关要素和机制成因作进一步了解。

三、水价形成机制探析

（一）一般商品的价格形成机制

价格是指商品价值的货币表现。价格是一个看似简单实际复杂的问题，特别是牵涉到使用自然资源为原材料的商品价格就更为复杂了。现代社会基于人类对自然资源可持续发展的观点，已打破传统的计划经济价格理论，认识到价格有一个它与人类对商品的需求，有效的自然资源配置，不同国家、不同经济发展阶段收入分配，商品物化过程技术发展与成熟程度以及市场信息传递方式等诸多因素紧密相连的互相制约的形成机制。

1.传统的计划经济价格形成机制理论

根据马克思关于商品价值的理论，社会主义的商品价值P是由物化劳动转移的价值C，劳动者为必要劳动所创造的价值V和劳动者为社会劳动所创造的价值W等三部分组成。商品价格是以上三部分价值的货币表现，即：

$$P=C+V+M \tag{8-5}$$

在实际生产过程中，上式C包括商品生产所消耗掉的原材料、辅助材料、燃料、动力以及固定资产的折旧等；V包括劳动者的工资、津贴、奖金以及各种福利费用。C+V是生产成本，包括大修理费、维修费、运行管理费以及财产保险费、自然资源使用费、折旧费、利息净支出等；M为盈利，主要包括税金和利润。

2.西方的市场经济价格形成机制理论

西方市场经济的价格形成机制理论是以英国经济学家阿弗里德·马歇尔的"均衡价值理论"为代表的。这一理论的基本观点主要有：

（1）一切产品、商品都为"效用"服务，人们获得效用却不一定非要通过生产，效用不但可以通过产品、商品获得，还可通过大自然的赐予获得，而且人们的主观感觉也是效用的一个源泉。

（2）价值起源于效用，形成价值的必要条件又是因物品的稀缺而产生的。

（3）价值是由"生产费用"和"边际效用"两个机制成因共同构成的。商品的供给价格，从理论上讲是等于生产要素价格，但商品的边际效用却是以买主愿意支付的货币数量来衡量的。两者是在交易行为中不断寻找平衡的。

这一理论的特征表现在以下几个方面：

（1）效用性。价格（价值）决定于效用。

（2）直接性。主张市场信号的变化（不需中间环节），将直接引起微观经济主体的变化。

（3）双向性。价格变化同时调唯供求双方的行为。

（4）利益同步性。经人与公共利益在价格平衡机制中达到同步体现。

（5）敏感性。经济主体对市场信号变化会非常敏感地调整各自的行为。

（6）竞争性。市场竞争可以实现资源优化配置和技术进步。

（二）水价形成机制研究

马克思一直是把"水流"视为"土地"来解释的。因此我们研究水价形成机制时，必须是在研究水形成机制的前提下同时运用马克思主义的"地租理论"、"虚幻价格论"以及"劳动价值论"去作出阐述。

1.水价的构成

由于自然力的作用形成了自然水。自然水中有效用的部分——水资源由于受社会力的作用（投入活劳动与物化劳动兴建水工程）产生了水利工程供水，使其具备了效用、价值和价格而成为商品。有效用的自然水和水利工程供水不仅服务于人类的生活和生产，同时也服务于人类需要的环境和生态，但由于退水的作用也可能（并已产生）逆化人类赖以生存的水环境和生态环境，因此又必须以社会力的作用治理退水中的废污水，以确保水质的良性循环，投入退水治理的社会力是人们正视现代社会日益恶化的水环境后，对水权拥有者赋予的相应义务。因此原水利部部长汪恕诚十分明确地将水价的构成定为三块，即资源水价、工程水价和环境水价。

2. 资源水价的机制成因及内涵

没有水资源就不可能产生水利工程供水，因此水价中必须包括资源水价。通过学习马克思的自然资源"虚幻价格论"后，我们可以从以下几个方面去认识资源水价的形成机制成因。

首先，是实现所有权本质的需要。水资源属国家所有，体现国家所有权的本质应该是通过对取用水资源者收取水资源费（最终以价格的形态进入水利工程供水价格中，由使用者承担）来实现。其次，资源水价属马克思所指出的虚幻价格范畴，必须把水资源产权化、水资源所有权资本（金）化。第三，资源水价的制定是国家政治权力的体现。资源水价是虚幻价格，是无法用计算劳动价值的方法来计算的，没有规定的计算模式，只能以形成"赋税"的决策方式，形成"垄断"的价格。它是根据国家政治、经济的辨要，参照相似土地资源的"绝对租、级差租、稀缺租"以及自然水所应承担的义务等虚幻价值因子，进行宏观分析、微观决策而形成的。第四，影响水资源虚幻价格的相关价值因子由三部分组成，共12项（具体请参见2001年4月14日《中国水利报》董文虎《再析水权、水价、水市场》一文）。

从以上研究可以看出资源水价的形成机制，简言之就是国家政治权力受水资源12项（可能还有一些其他因素）虚幻价值因子的客观需求所驱动的决策行为过程。

3. 工程水价的机制成因及内涵

工程水价是一个体现从水资源的取用开始到形成水利工程供水这一商品的全部劳动价值量。按照《水利工程管理单位财务制度》标书，主要由四部分组成，即成本、费用、利润和税金。其中成本又包括直接工资、直接材料、其他直接材料、制造费用；费用包括管理费用、财务费用、营业费用；利润包括国家、法人、个人、外商以及群众投劳折资等项分利组成；税金包括营业税或增值税以及从利润中形成的所得税。这样共计13个内涵形成机制成因。

这种形成机制成因一般比较直观，完全可以运用"劳动价值论"予以阐述。由于水和水利工程的特殊性，需要强调的有如下几点：

（1）综合类水利工程的制造费用必须注意区分甲、乙两类不同性质的功能和其他经营性功能的合理分配。

（2）利润分配中千万不能忽视群众投劳（投物）折资的分配机制。

（3）工程供水仍然受制于自然力的影响（如河道、渠系无法全封闭、千家万户的农业用水无法计量等）不可能具备完整的商品属性，只能属于准商品性质，仍然需要国家的政治权力不断施加影响和扶持才能确保其商事行为的实现。

因此说工程水价的形成机制主要是由所有者财产权利构成的，是社会力（人类活劳动和物化劳动）中具备的13种价值机制成因相互作用的现象，工程水价是其作用的结果。而这一结果又是为了抵消自然力对水利工程供水的影响，国家政治权力仍需不断施加影响而修正后的结果。

4. 环境水价的机制成因及内涵

环境水价完全是社会力作用的结果，其水价形成机制成因及内涵和工程水价相似，只不过这一过程不再受自然力的影响而却要受人们对退水（废污水）治理效用性程度的影响而调整。这又不得不借助于国家政治权力——法制的规制而推进。

四、水价核定原则

《水价办法》第六条对水价制定的总体原则作了规定，要求"水利工程供水价格按照补偿成本、合理收益、优质优价、公平负担的原则制定，并根据供水成本、费用及市场供求的变化情况适时调整。"

（一）补偿成本

商品价值中的前两部分C+V构成商品的成本，价格是价值的货币表现。按照《中华人民共和国价格法》规定，制定政府指导价、政府定价的依据是有关商品或者服务的社会平均成本。补偿成本的内涵就是按水利工程供水的社会平均成本，补偿到位并计入水价。一般来讲，商品价格不能低于成本，否则就要赔本，经营者预支的生产资金就会逐渐赔光，再生产就难以为继。商品的售价只有以成本为最低经济界限，才能补偿物质消耗支出和劳动报酬支出，才能维持简单再生产。

（二）合理收益

商品价值中的后一部分M即税金和利润，就是商品价值中的收益部分。税金是国家的收益，这是劳动者活劳动创造的价值中归国家用于再分配的部分。利润则是按照市场经济规律，为充分调动社会资源、发展经济，在劳动者活劳动创造的价值中归投资者支配的收益。

（三）优质优价

水利工程供水质量，体现在两个方面：一是供水水质，二是供水保证率。商品价值规律决定了供水要实行优质优价。此外，社会进步要求供水要实行优质优价，供求关系变化要求采取优质优价，科技进步也要求供水要实现优质优价。

（四）公平负担

《水价办法》针对水利工程的多用途和多功能性，规定了制定水价时必须体现公平负担的原则。水利工程的兴建往往是多目标规划、整体设计的枢纽工程，其功能往往兼有防洪、发电、供水和其他功能。核定水价将水利工程的运行成本和费用在防洪、发电、供水之间合理分摊。此外，《水价办法》根据国家经济政策和用水户的承受能力规定实行分类定价，对水利工程供水价格分别制定农业用水价格和非农业用水价格，不同类别的用水同样要体现公平负担的原则。《水价办法》运用科学的计价方法核定水价，由消费者合理补偿供水成本费用，并让投资者得到适当的收益，体现了消费者和投资者之间的公平负担。

（五）适时调整

《水价办法》规定水价要"根据供水成本、费用及市场供求的变化情况适时调整"。适时调整是合理水价形成机制的重要内容，适时调整水价可以使价格杠杆及时发挥作用，更好地调整供求关系。

五、水价的构成

价值是商品水理论价格的基础。水利工程是将有使用价值的水，以拦、蓄、提、引、调水等手段，通过消耗大量的物化劳动和活劳动，使供水既有使用价值，而本身又具有价值，因此应根据商品的价值规律确定供水水价。

《水价办法》第四条规定水价由"供水生产成本、费用、利润和税金构成"。前两项之和为供水成本，后两项之和为供水所带来的盈利。

（一）供水成本

供水成本计算属于财务分析内容，为此需首先确定财务核算单位。供水成本主要包括固定资产折旧费及年运行费两大部分。其中固定资产折旧费可以按照供水工程固定资产原值乘以基本折旧率求得；固定资产原值可以用投资乘以固定资产形成率求得。年运行费包括材料费、燃料动力费、工资、大修理费、维修费及管理费等。其中大修理费由固定资产原值乘以大修理费率求得，其余各项均按财务实际支出计算。对于供水工程财务核算单位而言，尚需向水库管理处（另一核算单位）交纳水资源费。如果水利工程除供水外，还兼有防洪、发电、航运等综合利用效益，则水利工程投资与年运行费尚需在各部门之间进行分摊。此时单位水量供水成本 $C_水$ 为：

$$C_水 = K_a (a_1 + a_2 + a_3 + a_4) / W \tag{8-6}$$

式中 K——固定资产；

a ——供水部门分摊费用的百分数；

a_1，a_2，a_3，a_4——供水工程固定资产的折旧费率、大修理费率、年运行费（大修理费除外）率和财产保险费率；

W——年供水量。

（二）供水水价

由式（8-5）可知，供水水价为：

$$P_水 = C_水 + T + P \tag{8-7}$$

式中 T——税金；

P——利润。

《水价办法》第八条规定"水利工程供水所分摊的成本、费用由供水价格补偿。具体分析和核算办法，按国务院财政、价格和水行政主管部门的有关规定执行"。公益性功能发生的耗费，应由国家财政资金外偿，而水利工程供水和水力发电等经营性功能发生的耗费，则应全部计入供水、发电成本和费用中，通过收取水费和电费获得补偿，并需从中获得适当的投资回报。

对于供本部门而言，商品水的利税额M可由式（8-8）确定

$$M=（K+F）R \qquad\qquad (8-8)$$

式中 M——商品水的利税额；

K，F——分别为固定资产和流动资金；

R——资金利税率。

《水价办法》第十条指出："根据国家经济政策以及用水户的承受能力，水利工程实行分类定价"，体现了用水户之间公平分担和国家对农业用水扶持的原则。则供水水价可由下式确定：

$$P_水=C_水+（K+F）/WR \qquad (8-9)$$

式中符号意义同上。

（三）影响水利工程水价的主要因素

1. 自然因素

与其他商品一样，供水同样遵循一定的市场规律。在水资源丰沛地区和水资源短缺地区，水资源的供求关系不同，水的边际价值也不同，因而供水价格有差别。当水资源发生短缺时，资源稀缺程度增加，会增大使用它的机会成本。如水资源丰缺度不同的地区，其供水价格也应不同；同一地区，丰枯季节可利用的水资源量不同，供水价格也应随之变化。作为一种商品，水资源应按质论价，实行优质优价，劣质劣价。

水资源开发条件直接影响供水价格。水资源开发条件好的地区，其开发成本低，供水价格也较低；而水开发条件差的地区，其开发成本高，供水价格也较高。

2. 社会经济因素

一个地区的社会经济发展水平决定了用水户的承受能力，进而影响该地区供水价格总水平。

一个地区的产业结构对水价有重要影响。如果第一产业——农业所占的比重大，而农业是弱势产业，其水价承受能力不高，那么这一地区的供水价格的总水平必然偏低；如果第二产业比重大，并且都是高耗水的传统产业，但由于这些产业的产品附加值小，价格较低，利润少，承受能力也有限，因此，供水价格虽高于农业水价，但也受到限制。如果第三产业比重大，高科技产业比重大，产品附加值大，价格高，利润多，水价总水平会比较高。

由于水商品的社会属性，水价受政府社会经济政策影响很大，导致水价不能完全反映供水成本。此外，政策因素和环境保护因素都会影响供水水价。

3. 工程因素

供水工程状况的好坏，直接影响供水工程运行维护管理成本的高低，从而对供水水价产生直接影响。

4. 资金组成

在供水水价中，无论供水成本或其利税额，均与固定资产有关。过去水利工程主要依靠政府无偿拨款兴建，工程建成后进杆清产投资时不计施工期资金的积压损失。现在的水利工程投资主要靠贷款，在施工期内要计入逐年贷款所应支付的利息，因此固定资产内应包括有关部分的投资及其贷款利息。

根据动态经济分析，认为供水成本应包括经营成本与固定成本两部分。所谓经营成本系指年运行费；而资金成本应指固定资金的本利年摊还值；亦可称为资金年回收值C，由式（8-10）确定：

$$C = K' [A/P, \ i, \ n] = K' \left[\frac{i(1+i)^n}{(1+i)^n - 1} \right] \qquad (8\text{-}10)$$

式中 K' ——包括施工期贷款利息的固定资产；

　　　i——贷款利率；

　　　n——折旧年限。

第八章　水利建设项目后评价

第一节　建设项目后评价概述

一、我国项目后评价的发展过程

我国的投资项目后评价，始于 20 世纪 80 年代，1988 年国家计委委托中国国际工程咨询公司，进行了首批国家重点投资建设项目的后评价，标志着项目后评价工作在我国应用正式开始。20 世纪 90 年代中期，项目后评价工作在全国普遍推广，1996 年交通部颁发《公路建设项目后评价工作管理办法》，并确定沈大、沪嘉、西三、广佛四条高速公路为国内首批高速公路后评价项目，标志着我国项目后评价管理水平已经上升到了一个新的高度。

进入 21 世纪以来，项目后评价工作又有了新的进展，自 2001 年起国家开发银行全面实行了项目贷款后评价，建立了比较完整的后评价体系，形成了自己的特色。

2002 年 5 月，国家对广东已建成运营的深、汕西高速公路开展了环境影响后评价试点工作，这是我国开展的第一个公路项目的环境影响后评价。

2002 年 10 月 28 日，国家颁布了《环境影响评价法》，于 2003 年 9 月 1 日施行，首次对规划、建设项目的环境影响提出了后评价的要求，这对加强我国规划、建设项目环境影响评价管理，健全环境影响评估体系具有十分重要的作用。

2004 年 7 月，国务院做出了《关于投资体制改革的决定》，提出了加强和改进投资的监督管理，建立政府投资责任追究制度的要求，进一步有力推动了项目后评价工作。

2005 年 12 月，国家国资委下发了《中央企业固定资产投资项目后评价工作指南》，对加强中央企业固定资产投资项目管理，提高企业投资决策水平和投资效益，完善投资决策机制，建立投资项目后评价制度有着重要意义。

二、建设项目后评价的概念

项目后评价是指项目投资完成以后，对项目的立项的目的、实施的过程、取得的效益、产生的作用、造成的影响进行系统的、客观的分析，从而判断建设项目预期目标实现程度的一种评价方法。

根据项目的寿命周期，项目评价按照试点划分为前评价（也称项目前评估），中评价（也称中间评价或跟踪评价）和后评价。这三个阶段的评价，在评价方法上都是采取定性与定量相结合的方法，但在评价的内容和作用等方面存在较大差别。

（一）建设项目前评估

是在建设开工前依据行业资料和经验性资料，以及国家有关部门颁布的定额、方法和参数，通过对项目的实施条件、设计方案、实施计划及经济效益，来评价项目的必要性、可行性和合理性，为项目的投资决策提供依据。

（二）建设项目中间评价

是在项目从开工到竣工验收期间对项目所进行的评价，其作用是及时发现项目建设过程中存在的问题，分析问题的原因，针对项目的目标提出相应的对策和措施，对方案进行调整和完善，确保项目顺利完成。中间评价可以是全面、系统的对项目评价，也可以是对项目的某项内容评价。

（三）建设项目后评价

是在项目建成投产后，依据现实资料，将项目的现实情况与项目前评估的预测情况及国内外同类项目情况进行比较，从中找出差距，提出改进措施，并将信息反馈到投资决策部门，间接作用于未来项目的投资决策，提高决策的科学化水平。

三、建设项目后评价的特点和原则

（一）项目后评价的主要特点

1. 现实性。项目后评价是以实际情况为基础，对项目建设、运营现实存在的情况、产生的数据进行评价。具有现实性。

2. 客观性。项目后评价是以实事求是的态度，发现问题，分析原因，做出结论，客观、负责地对项目做出评价。

3. 全面性。项目后评价是项目立项决策、设计施工、生产运营等全过程进行全面的系统评价，不仅包含项目寿命周期的各个阶段，而且涉及项目的经济效益、社会影响、环境效应、综合管理等方面。

4. 指导性。项目后评价的结果需要反馈到决策部门，作为新项目的立项和评估的基础以及调整投资计划和政策的依据。

（二）项目后评价的基本原则

1. 公正性。公正性原则表示在评价时，应采取实事求是的态度，在发现问题、分析原因和做出结论时避免主观臆断，应始终保持以客观、公正的态度进行评价工作。公正性标志着项目后评价及评价者的信誉。

2. 独立性。独立性原则是指项目后评价不受项目决策者、管理者和执行者的干扰，要从评价机构、评价人员、评价程序以及监督机制等方面加以落实和保证，并且要自始至终贯穿于整个项目后评价过程，包括评价内容确定、指标选择、调查范围、报告编审等都应独立完成。

3. 科学性。科学性原则是指项目后评价所采用的理论、方法和手段是公认和经过实践验证为正确的，评价结果既要反映项目的成功经验，也要反映失败教训。项目后评价所采用的资料信息也要具有完整性和可靠性。

4. 实用性。实用性原则强调项目后评价结果能对未来的类似项目提供借鉴和指导，对被评价项目本身的后期运行也具有指导作用。项目后评价报告提出的结论和建议要具体、实用和可行。

5. 反馈性。反馈性包括两方面的含义：一是用于项目后评价的信息资料是从项目竣工后，由实施过程中反馈回来的；二是后评价结果要及时反馈给相关决策和实施部门，项目后评价是这两级反馈的中间加工过程，它将工程项目运行的复杂信息通过分析、处理、归纳，成为具体的结论和建议，供相关部门和类似项目的立项评估使用。

四、建设项目后评价的目的和作用

（一）项目后评价的目的

通过对项目实施过程结果及其影响进行调查研究和全面系统回顾，与项目决策时确定的目标以及技术、经济、环境、社会指标进行对比，找出差别与变化，分析成败的原因，总结经验，汲取教训，得到启示。并通过及时有效的信息反馈，对项目实施运营中出现的问题提出对策，为未来新项目的决策和投资决策管理水平的完善和提高提出建议，进而达到提高投资效益的目的。

（二）项目后评价的作用

建设项目后评价在提高项目决策水平、改进项目管理、降低投资风险和提高投资效益等方面都有着极其重要的作用，具体表现在以下几个方面。

1. 提高项目管理水平。投资项目管理是一项十分复杂的活动，它涉及政府主管部门，业主、设计、施工、监理、物资、银行等多个部门，通过对项目全面系统分析，总结经验教训，使项目的决策者、管理者和建设者学习更加科学合理的方法和策略，提高项目管理水平。

2. 提高项目投资决策的科学水平。项目前评价是建设项目投资决策的依据，但项目前评价所作的预测和结论是否正确，需要通过项目后评价来检验，通过建立项目后评价制度，完善后评价的体系，一方面可以加强对前评价人员的事后监督，增强其责任感，促使前评价人员努力做好前评价工作，提高项目预测的准确性；另一方面可以通过项目后评价的反馈信息，及时纠正项目决策中存在的问题，从而提高未来类似建设项目的决策科学化水平。

3. 为国家制定投资计划、产业政策和技术参数提供依据。通过建设项目后评价，能够发现宏观投资管理中存在的问题，从而使国家及时修正某些不适合经济发展的技术政策，修订某些已经过时的指标参数。同时，国家还可以根据项目后评价反馈的信息，合理确定投资规模和投资流向，协调各产业、各部门之间及其内部的各种比例关系。

此外，国家还可以根据项目后评价反馈信息，充分运用法律、行政、经济手段，建立必要的法规、制度和机构，促进投资管理的良性循环。

4.对项目本身正常运营的监督与促进。项目后评价是在项目运营阶段进行，通过分析项目运营状况，比较实际情况与预测情况的偏离程度，探究产生偏差的原因，提出切实可行的纠偏措施，从而促进项目运营正常化，充分发挥项目的经济效益、社会效益和环境效益。

5.为银行部门及时调整信贷政策提供依据。

第二节 建设项目后评价内容

一、纵向全程评价内容

（一）建设项目前期工作的后评价

建设项目的前期工作是项目从酝酿决策到开工建设前所进行的各项工作，它对项目的成败起着决定性的作用。这一阶段的工作又分为项目立项决策阶段和项目准备阶段，其后评价的主要内容如下。

1.项目立项决策阶段后评价的主要内容

（1）项目立项条件后评价。这一部分主要是从实际情况出发，对当初认可的立项条件和决策目标是否正确，项目的产品方案、设备选择、工艺流程、资源状况、建设条件、建设方案等是否适应项目需要，产品是否符合市场需要等进行评价分析。

（2）项目决策程序和方法后评价。这一部分主要是检查和分析当初项目决策的程序和方法是否科学，是否符合国家现行有关制度和规定的要求，项目的审定是否规范、客观；

（3）项目决策阶段的经济和环境后评价。这一部分主要包括两个方面：

一是项目决策前是否对项目的经济方面进行了科学的可行性研究，实际的资金需求的到位情况与前期的预测是否一致，从而检验前期经济评价结论的正确程度；二是前期决策是是否全面深入地对项目的环境影响进行了客观、科学的估测和评价，是否提出了降低不利影响、避免风险损失的措施，根据环境的实际影响来分析当初的环境评价是否科学。

2.项目准备阶段后评价的主要内容

（1）项目技术准备工作后评价。这一部分主要是分析承担项目勘察设计的单位是否经过招标选定，勘察、设计工作的质量如何，涉及的依据、标准、规程、规范、定额、费率是否符合国家有关规定，并根据施工实践和项目的生产使用情况，检验设计方案在技术上的可行性和经济上的合理性。

（2）项目作业准备工作后评价。这一部分主要是分析项目的筹建，征地、拆迁、安置、补偿、投标、"三通一平"等工作是否满足工程实施要求。项目的总进度计划是否能够控制工程建设进度和保证工程按期竣工等方面进行后评价。

（二）建设项目中期工作的后评价

建设项目中期即建设项目实施阶段，是指项目从开工到竣工的全过程，是项目建设程序中耗时较长的一个阶段，也是建设投资最为集中的一个时期，这一阶段能集中反映出项目前期的深度，工程质量、工程造价、资金到位情况以及影响项目投资等各方面的问题，其后评价的主要内容如下。

1. 项目施工和监理工作后评价。这一部分主要是对项目施工、施工单位和监理单位的招标和资质审查工作进行回顾和检查，对工程质量、工程进度、工程造价、施工安全、施工合同等工作进行评价，重点是工程实施过程中发生的超工期、超概算、质量差等原因进行分析。

2. 项目投产准备工作后评价。这一部分主要是检查工程项目投产前生产人员和技术人员的培训工作是否及时到位，投产后所需要原材料、燃料、动力条件是否在竣工验收前已经落实，是否组建了合理的生产管理机构以及制定了相关的管理制度等。

3. 项目竣工验收工作后评价。这一部分主要是回顾、检查项目竣工验收是否及时，辅助设施及配套工程是否与主体工程同时建成使用，工程质量是否达到设计要求，能否达到综合生产能力，验收时遗留问题是否妥善处理，竣工决算是否及时编制，技术资料是否完整移交等。并在此基础上，对项目造价、质量、工期等方面存在的问题进行研究分析。

（三）建设项目后期工作的后评价

建设项目后期，即建设项目运营阶段，这一时期是项目投资建设阶段的延续，是实现项目投资经济效益和投资回收的关键阶段，这一阶段的后评价是项目评价的关键环节，其主要内容如下。

1. 项目经营管理后评价。这一部分主要包括项目生产条件及达产情况后评价：项目生产经营和市场情况，以及产品的品种、数量和质量是否与当初预测相符；生产技术和经营管理系统能否保证生产的正常进行和经济效益的提高；项目的资源投入和产出情况后评价等。

2. 项目经济效益后评价。这一部分是建设项目后评价的主要内容。它是用项目投产或交付使用后的实际数据（实际投资额、资金筹集和使用、实际生产成本、销售收入、税金和利润等数据）来重新计算项目各有关经济效益指标，并将其与当初预测的投资效益情况进行比较分析，从中发现问题，分析原因，提出提高投资经济效益的具体建议和措施。

3. 项目对社会经济和自然环境影响后评价。这一部分主要是将投资项目对社会经济和自然环境的实际影响与当初预测的情况进行对比分析，找出差异及产生差异的原因，对在社会经济和自然环境方面存在不利影响的项目，提出解决和防范措施；对项目与社会经济、自然环境的相互适应性以及项目的可持续性进行分析，并论证项目投资效益的可持续性发挥。

二、横向全面评价内容

项目横向全面评价，即项目绩效和影响评价，主要包括以下几个方面。

（一）项目技术评价

这一部分内容主要包括：工艺、技术和装备的先进性、适应性、经济性、安全性、建筑质量及安全、资源和能源等。

（二）项目效益评价

项目效益评价是指对项目竣工后的实际经济效果所进行的财务评价和国民经济评价。其评价指标主要包括内部收益率、净现值及贷款偿还期等反映项目盈利和清偿能力的指标；评价方式是以项目建成运营后的实际数据为依据，重新计算项目的各项经济指标，并与项目评估时预测的经济指标进行对比，分析二者间的偏差及产生偏差的原因，总结经验教训。

评价内容主要包括项目总投资和负债状况，重新预算项目的财务评价指标、经济评价指标和偿还能力等。

项目效益分析应通过投资增量效益的分析，突出项目对企业效益的作用和影响。

（三）项目管理评价

项目管理评价的目的是通过项目实施过程中的管理行为及管理效果的分析，全面总结项目管理经验，为类似项目的管理提供指导。

项目管理评价的主要内容包括项目实施相关者管理、项目管理体制与机制、项目管理者水平，以及企业项目管理、投资监管状况、体制机制创新等。

（四）项目影响评价

项目影响评价包括环境影响评价和社会影响评价两个方面。

项目环境影响评价内容主要包括项目污染控制、地区环境生态影响、环境治理与保护等。项目社会影响评价内容主要包括增加就业机会、征地拆迁补偿和移民安置、带动区域经济社会发展，推动产业技术进步等，必要时还应进行项目的利益群体分析。

除上述建设项目的纵、横评价外，还应对项目持续能力进行评价，主要是对影响项目持续能力的内部因素和外部条件进行分析。持续能力的内部因素包括财务状况、技术水平、污染控制、企业管理体制与激励机制等，核心是产品竞争能力；持续能力的外部条件包括资源、环境、生态、物流条件、政策环境、市场变化及其趋势。

三、建设项目后评价指标

建设项目在后评价过程中，除了运用一些定性指标进行定性分析评价外，更重要的是要尽量把定性指标转化成定量指标，形成一整套项目后评价指标体系。由于评价一个工程项目要从项目的建设水平、项目的效益水平以及项目对社会和环境的影响程度等方面进行评价，并且要与项目前评估时所预测的水平相比较，所以项目评价指标体系要能够全面地描述和反映项目的整体功能和效果。

（一）项目后评价指标体系的设置

根据项目后评价的目的和特点，项目后评价指标体系的设置应遵循以下原则：

1. 目的性与全面性相结合。项目后评价的指标既要围绕后评价项目的目的而体现一定的针对性，又要全面反映项目全过程的情况。

2. 独特性与关联性相结合。项目后评价指标虽具有自身的独特性，但应与前评估指标、行业指标有着关联性，增强其可比性。

3. 综合指标与单项指标相结合。综合指标能反映项目的整体情况，弥补单项指标的片面性与松散性。但综合指标受多种因素的影响，可能会掩盖某些方面的不足，需要用单项指标来进一步补充说明。

4. 动态指标与静态指标相结合。项目后评价与项目前评价一样，也采取动态评价指标与静态评价指标相结合的方式。

5. 微观投资效果指标与宏观投资效果指标相结合。由于整个国民经济和各行业、各地区、各企业的根本利益是一致的，因此项目后评价指标既要反映项目给企业或部门带来的微观投资效果，也要反映给整个国民经济带来的宏观投资效果。

（二）项目后评价指标体系的构成

项目后评价的参考指标众多，涉及项目目标、投资环境、社会环境、工程技术、费用效果、安全生产、组织管理、财务与经济、采购与支付、环境与生态、卫生与健康、监督和信息等方面的指标。

1. 项目前期和中期效果的后评价指标。

（1）实际设计周期变化率。实际设计周期是指从设计合同生效到设计完成并提交给建设单位所经历的时间。实际设计周期变化率用实际设计周期与预计周期的偏差相对设计周期的百分比率来表示。该指标反映了项目实际设计周期与预计设计周期相比的变化程度。

（2）实际建设工期变化率。该指标用实际建设工期与预计（或定额）建设工期的偏差相对预计（或定额）建设工期的百分比来表示。它反映了实际建设工期与计划安排工期（或国家统一制定的合理工期）的偏离程度。

（3）实际工程合格率或优良率。这两个指标分别用合格或优良的单位工程数占验收鉴定的单位工程总数的百分比来表示，它们反映了工程的整体质量。

（4）实际返工损失率。该指标是指因项目质量事故停工或返工而增加的项目投资额占项目累计完成投资额的万分比。

（5）实际总投资变化率。该指标用实际静态或动态总投资与预计静态或动态总投资的偏差相对于预计相应状态总投资的百分比表示；它反映了项目实际总投资与前评估时的预计总投资的偏离程度。

（6）实际单位生产能力投资变化率。该指标用实际的单位生产能力投资与设计的单位生产能力投资的偏差与设计的单位生产能力投资的百分比表示。它反映了实际单位生产能力投资与设计单位生产能力投资的偏离程度。

2. 项目后期效果的后评价指标。

（1）实际达产年限变化率。该指标用实际达产年限与设计达产年限的偏差相对于设计达产年限的百分比表示，它反映了实际达产年限与设计达产年限的偏离程度。

（2）实际产品成本变化率。该指标用产品的实际成本与预测成本的偏差相对于预测成本的百分比表示，它反映了产品实际成本与预测成本的偏离程度。

（3）实际产品价格变化率。用该年实际产品价格与预测产品价格的偏差相对于预测产品价格的百分比来表示。这项指标可用于衡量产品价格前评估的预测水平，也可以部分的解释实际投资效益与预期投资效益出现偏差的原因，还可以作为重新预测项目寿命周期内产品价格变化情况的依据。

（4）实际销售变化率。用产品实际销售数量与预测销售数量的偏差相对于预测销售数量的百分比来表示，它们反映了产品实际销售与预测销售情况的偏差程度。

（5）实际投资利润率。该指标用实际年平均利润额占实际投资总额的百分比表示，它是反映建设项目投资效果的一个重要指标。

（6）实际投资利税率。该指标用实际年平均利税额占实际投资利税额的目分比表示，它也是反映建设项目投资效果的重要指标。

3. 项目全寿命周期效果的后评价招标。

（1）实际净现值。实际净现值是根据项目投产后实际的年净现金流量以及根据实际情况重新预测的剩余寿命周期内各年的净现金流量按照重新选定的折现率计算出的建设期初的净现值。该指标越大，说明项目实际投资效益越好。

（2）实际净现值率。实际净现值变化率用实际净现值与建设期初投资现值的百分比表示。它反映了单位实际投资额的现值所带来的净现值的多少。

（3）实际投资回收期。它包括实际静态投资回收期和实际动态投资回收期两种指标。它反映了用项目实际净收益或重新预测的净收益来回收项目实际投资所需要的时间。

（4）实际内部收益率。实际内部收益率是根据项目投产后实际的年净现金流量或重新预测的剩余寿命期内各年的净现金流量计算出的净现值等于零时的折现率。

该指标大于重新选定的基准收益率或行业基准收益率时，说明该项目实际效益较好。

（5）实际借款偿还期。实际借款偿还期是指用项目投产后实际的或重新预测的可用作还款的资金数额来偿还项目投资实际借款本息所需要的时间，它反映了项目的实际清偿能力。

4. 项目影响效果的后评价指标。反映建设项目影响效果的后评价指标包括社会效益后评价指标和环境效益后评价指标，它们有定性指标和定量指标两大类。

（1）定性指标。反映项目后评价的社会效益和环境效益的定性指标主要有对资源的有效利用、先进技术的扩散、生产力布局的改善、产业结构的调整、地区经济平衡发展的促进以及有利于生态平衡和环境保护等方面产生影响的描述。

（2）定量指标。反映项目后评价的社会效益和环境效益的主要定量指标有劳动就业效益后评价指标、收益分配效益后评价指标、综合能耗指标。

第三节 建设项目后评价方法及程序

建设项目后评价方法是基于现代系统工程与反馈控制的管理理论，由于建设项目具有复杂性，其影响因素众多，所以项目后评价的内容十分广泛，可用于项目评价的方法也特别多，总体上是采用定性分析和定量研究相结合的方式，具体的方法通常由对比分析法、逻辑框架法、成功度评价法及统计预测法等。

一、对比分析法

对比分析法是项目后评价的主要分析评价方法，它是采用现场调查和调查问卷等方式，获取项目实际情况，然后对照项目立项时所确定的直接目标和宏观目标，以及其他指标，找出偏差和变化，分析原因，得出结论，总结经验教训。它包括纵向对比（通常称前后对比）、横向对比和有无对比等方法。

二、逻辑框架法

逻辑框架法是美国国际开发署在1970年开发并使用的一种设计、计划和评价的工具，它是目前国际上广泛用于规划、项目、活动的策划、分析、管理、评价的基本方法。许多国际组织也把这种方法作为援助项目的计划、管理和后评价的主要方法。

逻辑框架法不是一种机械的方法或程序，而是一种综合、系统地研究问题的思维框架模式，这种方法有助于对关键因素和重要问题做出合乎逻辑的分析。

为项目计划者和评价各提供一种分析框架，用以确定工作的范围和任务，并通过对项目目标和达到目标所需要的手段进行逻辑关系的分析。

逻辑框架法是一种概念化论述项目的方法。它用一张简单的框图来清晰地分析一个复杂项目的内涵和关系，使之更易理解。这种方法是将几个内容相关且必须同步考虑的动态因素组合起来，通过分析其间的逻辑关系，从设计、策划的目的、目标等方面来评价一项活动或一个项目。

逻辑框架法的核心概念是事物的因果逻辑关系，即"如果"提供了某种条件，"那么"就会产生某种结果，这些事件包括事物内在的因素和事物所需要的外部因素。

三、成功度评价法

成功度评价法即所谓的打分评价法，是以项目的目标和效益为核心所进行的全面系统评价，此方法是依靠评价专家或专家组的经验，根据项目各方面的执行情况，并通过系统准则或目标判断表来评价项目总体的成功程度。

四、统计预测法

项目后评价包括对项目已经发生事实的总结和对项目未来发展的预测。后评价时点前的统计数据是评价对比的基础，后评价时点的数据是评价对比的对象，后评价时点后的数据是预测分析的依据。

统计预测法就是通过有效的统计调查，得到大量可靠的统计数据，经过适当的处理分析，对项目未来发展的状况和趋势作出估计和推测。

（一）统计调查

统计调查是根据评价的目的和要求，采用科学的调查方法有策划、有组织地收集被研究对象的相关资料的工作过程。统计调查是统计工作的基础，是统计整理和统计分析的前提。

统计调查是一项复杂、严肃和技术性较强的工作，每一项统计调查都应事先制订一个指导调查全过程的调查方案，包括确定调查目的、调查对象（被调查的单位或个人）、调查项目、调查事件、拟定调查表格、制定调查的组织实施计划等。

调查人员应保持实事求是的态度，力求做到所调查的资料真实、完整、准确。调查过程中应适当采用先进的技术和科学的方法。

统计调查可采用观察法、问询法（包括面谈、电话采访、问卷调查等方式）等各种方法。

（二）资料整理

统计资料整理是根据评价的任务，对统计调查所获得的大量资料进行加工汇总，使其系统化、条理化、科学化，以得出反映事物总体综合特征的工作过程。

统计资料整理工作由分组、汇总和编制统计表三个环节构成。分组是资料整理的前提，汇总是资料整理的中心，编制统计表是资料整理的结果。

（三）统计分析

统计分析是根据评价的目的和要求，采用各种分析方法，对评价的对象进行全面剖析和综合研究，以揭示事物内在联系和发展变化规律。

统计分析采用的主要方法有分组法、综合指标法、动态数列法、指数法、抽样和回归分析法、投入产出法等。

（四）效果预测

预测是对尚未发生或目前还不明确的事物进行预先的估计和推测，是在现存时点对事物将要发生的结果进行探索和研究。

五、建设项目后评价程序

（一）后评价项目选择

一般根据下列条件选择须开展后评价的项目。

1. 政府投资项目中规定需要进行后评价的项目。

2. 特殊项目（如大型项目、复杂项目和实验性的新项目等）。

3. 可为即将实施的国家预算、宏观战略和规划制定提供信息的项目。

4. 具有未来发展方向的有代表性的项目。

5. 对行业或地区的投资发展有重要意义的项目。

6. 竣工运营后与前评估的预测结果有重大变化的项目。

7.其他需要了解项目的作用和效果的项目。

原则上讲，为使项目的运营、管理更加完善和本着对投资者负责的态度，大、中型投资项目有条件都应进行项目后评价工作。

（二）项目后评价需提供的资料

项目后评价需提供的资料包含项目前期文件、项目实施文件。

（三）项目自我总结评价报告

1.项目概况

（1）项目情况简述。

（2）项目决策目标和目的。

（3）项目主要建设内容。

（4）项目实施进度。

（5）项目总投资。

（6）项目资金来源及到位情况。

（7）项目运行及效益现状。

2.项目实施过程总结

（1）项目前期决策总结。

（2）项目实施准备工作。

（3）项目建设实施总结。

（4）项目运营情况。

3.项目效果和效益评价

（1）项目技术水平评价。

（2）项目财务经济效益评价。

（3）项目经营管理评价。

4.项目环境效益和社会效益评价

（1）项目的环境效益评价。

（2）项目的社会效益评价。

5.项目目标和可持续性评价

（1）项目目标评价。

（2）项目持续能力评价。

（3）项目存在的主要问题。

6.项目主要经验教训、结论和相关建议

（四）项目后评价的一般程序

项目后评价的类型很多，各个项目后评价的要求也不同。因此，各个项目后评价的程序也是有所差异的，项目后评价的一般程序有如下几个环节。

1.提出问题

明确项目后评价的具体对象、评价目的及具体要求。项目后评价的提出单位可以是国家计划部门、银行部门、各主管部门，也可以是企业（项目）自身。

2. 筹划准备

（1）组建评估机构。项目筹划阶段，项目后评价的提出单位可以自行组织实施后评价工作，也可以委托有相应资质的评估机构组成的评估小组进行评估。

（2）制定实施计划。评价小组负责制定建设项目后评价的详细实施计划，包括评价人员的配备、建立组织机构的设想、时间进度的安排、内容范围与深度的确定、预算安排、评价方法的制定等。

（3）采集资料。按照项目后评价实施计划规定的内容和要求，制订调查提纲，确定调查对象和调查方法，开展实际调查工作，收集项目后评价所需的各种资料，并将调查所取得的资料进行有效整理，以供分析研究采用。这些资料主要有以下几个方面：

①项目的原始资料。主要包括项目可行性研究报告、立项审批书、项目变更资料竣工验收资料、决算审计报告、各项设计文件、项目运营情况的原始记录以及项目自我总结评价报告等资料。

②项目的现场调查资料。主要包括项目实施情况、项目目标的实现情况、项目各项经济技术指标的合理性、项目产生的作用及影响等方面的资料。

③其他相关资料。主要指与后评价项目有关的国家经济政策、行业相关情况以及其他相关信息。

（4）分析研究。按照项目后评价实施计划，利用所调查的资料和项目后评价指标，按照项目后评价程序，围绕建设项目后评价内容，运用项目后评价方法，进行分析，客观评价项目，找出存在的问题和欠缺，提出具体的改进措施和建议。

（5）编制报告。根据项目后评价的分析研究结果，编写系统全面的建设项目后评价报告，提交委托单位和上级有关部门。项目的类型不同，后评价报告的内容和格式也不完全一致，一般包括以下几个方面：

①封面。

②后评价组织及人员分工。

③报告摘要。

④项目概况。

⑤后评价内容及方法。

⑥数据处理与分析。

⑦主要成果与存在问题。

⑧后评价结论与建设。

参考文献

[1] 施熙灿.水利工程经济学（4版）[M].北京：中国水利水电出版社，2010

[2] 中华人民共和国水利部.水利建设项目经济评价规范（SL 72—2013）[M].北京：中国水利水电出版社，2013

[3] 毛桂囡，方国华，耿建强，等.江苏省2005—2007年水利投资效益分析[J].江苏水利，2010

[4] 周召梅.浏阳市富岭水库枢纽工程经济评价[D].南京：河海大学，2010

[5] 中华人民共和国水利部.《小水电建设项目经济评价规程》（SL 16—2010）[M].北京：中国水利水电出版社，2011

[6] 李艳玲，张光科.水利工程经济[M].中国水利水电出版社，2011

[7] 刘红梅.水利工程经济效益风险分析[J].水能经济，2015（10）：2

[8] 李强.水资源价值对水利工程经济评价影响研究[J].装饰装修天地，2015（1）：312

[9] 王松林，潘志新.水利工程经济[M].黄河水利出版社，2011

[10] 毛文莉.加强水利工程经济管理的途径与方法[J].水利技术监督，2017，25（2）：3

[11] 吴雨航，胡晓兰，喻需雯，等.考虑资金时间价值的给水管网经济流速计算与影响因素研究[J].中国农村水利水电，2020（12）：5

[12] 刘慧婷，赵向涛，罗姗姗.考虑资金时间价值的泵站出水管经济管径计算[J].城镇供水，2021（5）：4

[13] 吴昱龙.浅谈水利工程建设与水利工程管理[J].2016

[14] 王铁.浅谈水利工程建设与水利工程管理[J].黑龙江科技信息，2017

[15] 沈军，苟露，钟鸣.关于水利建设项目节水评价篇章编制的几点认识[J].内蒙古水利，2020（2）：2

[16] 王宏伟.国家重大建设项目区域经济影响评价研究——以三峡工程建设为实证基础[J].2021（2020-4）：107-126

[17] 庞建成，崔彦朋.新形势下综合利用水利工程投资分摊问题研究[J].湖南水利水电，2020（5）：3

［18］宋思晗．水利工程设计中投资控制探讨［J］．水电水利，2021，5（6）：91-92

［19］黄海涛．农村水利工程经济分析方法［J］．农民致富之友，2020（18）：1

［20］张连滨．水利工程经济分析研究［J］．工程技术研究，2020，5（4）：2

［21］徐建新．农业水权水价综合改革的实践与思考［J］．农业科技与信息，2020（14）：3

［22］谷树忠，陈茂山，杨艳，等．深化水权水价制度改革努力消除"公水悲剧"现象［J］．水利发展研究，2022，22（4）：6

［23］吴宗法，吴凯．水利建设项目社会后评价案例集［C］．中国水力发电工程学会．中国水力发电工程学会，2018

［24］黄茹，祁昌军，曹娜，等．水利水电建设项目环境影响后评价实践与建议［J］．环境影响评价，2018，40（6）：4

［25］陈生军．基于层次分析法的农田水利建设项目过程后评价研究［J］．广东水利电力职业技术学院学报，2021，19（2）：4